Die Völkerrechtspersönlichkeit
der Europäischen Union

Europäische Hochschulschriften

Publications Universitaires Européennes

European University Studies

Reihe II

Rechtswissenschaft

Série II Series II

Droit

Law

Bd./Vol. 3810

PETER LANG

Frankfurt am Main · Berlin · Bern · Bruxelles · New York · Oxford · Wien

Michael M. Pachinger

Die Völkerrechtspersönlichkeit der Europäischen Union

L'Union Européenne comme sujet du droit international

PETER LANG
Europäischer Verlag der Wissenschaften

Bibliografische Information Der Deutschen Bibliothek
Die Deutsche Bibliothek verzeichnet diese Publikation in der Deutschen Nationalbibliografie; detaillierte bibliografische Daten sind im Internet über <http://dnb.ddb.de> abrufbar.

Zugl.: Linz, Univ., Diss., 2002

ISSN 0531-7312
ISBN 3-631-51399-2

www.peterlang.de

VORWORT

Die vorliegende Arbeit wurde im März 2002 von der Rechtswissenschaftlichen Fakultät der Johannes Kepler Universität Linz als Dissertation angenommen.

Sie beschäftigt sich mit der völkerrechtlichen Einordnung der Europäischen Union, die in der Lehre heftig diskutiert wird, da im Vertrag über die Europäische Union die Völkerrechtspersönlichkeit nicht explizit festgelegt wurde. Es ist daher strittig, ob die Union als eigener Rechtsträger in den internationalen Beziehungen auftreten kann, ob sie Verträge im eigenen Namen abschließen und gegenüber Drittstaaten als Einheit auftreten kann bzw. ob die Union selbst Adressat von Normen ist und nicht die einzelnen Mitgliedstaaten. Diese Fragen gewinnen gerade auch im Zusammenhang mit der EU-Erweiterung eine besondere Aktualität. Auch im Europäischen Konvent war die Rechtspersönlichkeit der Union ein wichtiges Thema in den Beratungen.

Um die zahlreichen in der europa- und völkerrechtlichen Literatur zu dieser strittigen Frage vorgebrachten Argumente eingehend untersuchen zu können, war die Berücksichtigung der deutschen, englischen und französischen Literatur unentbehrlich. Mein Studium an der Robert Schuman Universität Straßburg im Jahr 1998/1999 hat den Schwerpunkt auf die französischen Quellen gelenkt.

Für die Betreuung und Begutachtung der Dissertation gilt mein besonderer Dank Herrn a.Univ.Prof. Dr. Sigmar Stadlmeier LL.M. (London) sowie Herrn o.Univ.Prof. Dr. Heribert Franz Köck M.C.L. (Ann Arbor).

Meinem Vater, Herrn wHR. Dr. Manfred Pachinger, danke ich für die kritische Durchsicht meiner Arbeit.

Ich danke meinen Eltern für ihre Unterstützung sehr.

Wels, im Sommer 2003 — Michael Pachinger

Inhaltsverzeichnis

Vorwort V

Abkürzungsverzeichnis XI

Vorbemerkungen 1

I. Die Völkerrechtspersönlichkeit der Vereinten Nationen (UNO) und der Internationale Gerichtshof (IGH) 3

A. Einleitung 3

B. Der Internationale Gerichtshof, seine Rechtsgrundlagen und Zuständigkeiten 4

C. Die wesentlichen Feststellungen des IGH 6

1. Völkerrechtspersönlichkeit der UNO 6
2. Umfang der Rechte 9
3. Ersatz des Schadens der Organisation 10
4. Geltendmachung des Ersatzes des Schadens des Opfers bzw seiner Rechtsnachfolger 10
5. Anspruch gegenüber Nichtmitglied 12
6. Die abweichende Meinung von Hackworth 14

D. Bedeutung und Auswirkung des IGH-Gutachtens - Meinungsstand in der Lehre 17

1. Die Völkerrechtspersönlichkeit 17
   a) Defintion der Völkerrechtspersönlichkeit 17
   b) Konsequenzen dieser Definition 19
2. Auslegung der Satzung der Vereinten Nationen 21
   a) Teleologische Interpretation: Effet Utile - Implied Powers 23
   b) Umfang der Rechte und Pflichten 26
3. Natur und Ausmaß der Völkerrechtspersönlichkeit 28
   a) Originäre und derivative Rechtspersönlichkeit 28
   b) Zur Ansicht Seyersteds 29

(1) Keine Beschränkung der Handlungsfähigkeit auf spezielle Bestimmungen ... 29
(2) Implied Powers und das Kriterium der 'nécessaire implication' ... 30
(3) Die 'inherent power' der Organisation ... 32
c) Zusammenfassung ... 33
4. Objektive Völkerrechtspersönlichkeit – Anerkennung ... 34
a) Konstitutive Wirkung der Anerkennung ... 34
b) Deklaratorische Wirkung der Anerkennung ... 36
E. Résumé ... 39
II. Die Europäische Union als völkerrechtliches Gebilde ... 41
A. Grundlagen und Struktur der Europäischen Union ... 41
1. Die Konstruktion der Europäischen Union - Rahmen für das Zusammenwirken der Mitgliedstaaten ... 41
2. Das Verhältnis zwischen der Union und den Europäischen Gemeinschaften ... 45
3. Die Union als Internationale Organisation ... 51
B. Völkerrechtsfähigkeit der Union ... 54
1. Maastricht-EU ... 54
a) Indizien aus dem Vertragstext ... 54
b) Die Organstruktur ... 60
c) Kompetenzen der Union gegenüber den Mitgliedstaaten ... 63
d) Kompetenzen gegenüber Drittstaaten ... 67
e) Exkurs: Das deutsche Bundesverfassungsgericht zu Kompetenzen und Rechtspersönlichkeit ... 72
f) Völkerrechtspersönlichkeit kraft implied powers? ... 75
g) "Personnalité embryonnaire" und nachfolgende Praxis ... 77
2. Amsterdam-EU ... 80
a) Les Travaux Préparatoires ... 80
(1) Der Vertragsentwurf der irischen Präsidentschaft ... 84

(2) Der Vertragsentwurf der niederländischen Präsidentschaft 87

b) Der Vertrag von Amsterdam 90

(1) Keine ausdrückliche Regelung der Rechtspersönlichkeit 90

(2) Treaty making power nach Art 24 und 38 EU-V/Amsterdam 92

(a) Formale Aspekte 93

(b) Inhaltliche Aspekte 95

(c) Zur Erklärung Nr 4 der Schlussakte 98

(3) Schlussfolgerung 101

C. Zusammenfassung 103

D. Die Nuancen des Vertrages von Nizza 105

III. DIE "DE FACTO" RECHTSPERSÖNLICHKEIT DER EUROPÄISCHEN UNION 109

A. Einleitung 109

B. Entstehung der Völkerrechtspersönlichkeit 110

1. Der subjektive Ansatz 110

2. Der objektive Ansatz 111

C. Die Europäische Union und die Kriterien des IGH 114

1. Zur Legitimierung der Vorgangsweise 114

2. Ausgangspunkt und Kriterien des IGH 115

a) Erstes Kriterium: Ausstattung der Organisation mit Organen und speziellen Aufgaben 117

b) Zweites Kriterium: Die Organisation gegenüber den Mitgliedstaaten 121

c) Drittes Kriterium: Die Praxis der Organisation 124

d) Viertes Kriterium: Ziele und Zwecke als Anknüpfungspunkt 130

D. Ergebnis: Die de facto existente Völkerrechtspersönlichkeit der Union 133

E. Zusammenfassung 135

LITERATURVERZEICHNIS 137
1. Verzeichnis der deutschsprachigen Literatur 137
2. Verzeichnis der französischsprachigen Literatur 146
3. Verzeichnis der englischsprachigen Literatur 148

ABKÜRZUNGSVERZEICHNIS

AA	Anderer Ansicht
Abs	Absatz
Allg	allgemein
Anm	Anmerkung
Art	Artikel
ArchVR	Archiv des Völkerrechts
ABl	Amtsblatt der Europäischen Gemeinschaften
AJPIL	Austrian Journal of Public and International Law
AuRevIntEurLaw	Austrian Review of International and European Law
BYIL	British Yearbook of International Law
BullEG	Bulletin der Europäischen Gemeinschaft
BullEU	Bulletin der Europäischen Union
BVerfG	Bundesverfassungsgericht
BVerfGE	Entscheidungen des Bundesverfassungsgerichts
bzw	beziehungsweise
CDE	Cahiers de droit européen
CIG	Conférence intergouvernementale
CIJ	Cour Internationale de Justice
CMLR	Common Market Law Review
CONFER	Akronym für Dokumente des Rates betreffend die Regierungskonferenz
ders	derselbe
dh	das heisst
DokNr	Dokumentennummer
DVBl	Deutsche Verwaltungsblätter
EAG-V	Vertrag zur Gründung der Europäischen Atomgemeinschaft

EEA	Einheitliche Europäische Akte
EG	Europäische Gemeinschaft
EGKS-V	Vertrag zur Gründung der Europäischen Gemeinschaft für Kohle und Stahl
EG-V	Vertrag zur Gründung der Europäischen Gemeinschaft
EPIL	Encyclopedia of Public International Law
EPZ	Europäische Politische Zusammenarbeit
et al	et alii, und andere
etc	et cetera
EU	Europäische Union
EuGH	Gerichtshof der Europäischen Gemeinschaften
EuGRZ	Europäische Grundrechte-Zeitschrift
EuR	Europa-Recht
EurForAffRev	European Foreign Affairs Review
EU-V	Vertrag über die Europäische Union
EuZW	Europäische Zeitschrift für Wirtschaftsrecht
EWG-V	Vertrag zur Gründung der Europäischen Wirtschaftsgemeinschaft
ff	fortfolgende Seiten
GASP	Gemeinsame Außen- und Sicherheitspolitik
Hrsg	Herausgeber
Ibid	Ebenda, am selben Ort
ICJ	International Court of Justice
IGC	Intergovernmental Conference
IGH	Internationaler Gerichtshof
IGO	Intergovernmental Organization
Insbes	insbesondere
JBl	Juristische Blätter
JuS	Juristische Schulung
NJW	Neue Juristische Wochenschrift

Nr	Nummer
ÖZöR(V)	Österreichische Zeitschrift für öffentliches Recht (und Völkerrecht)
PE	Parlement Européen
RdC	Recueil des Cours de l´Académie de Droit International
RMUE	Revue du Marché Unique Européen
Rn	Randnummer
Rs	Rechtssache
RTDE	Revue trimestrielle de droit européen
SN	Akronym für Sitzungsdokumente des Rates, die aus Gründen der Archivierung mit Sans Numero klassifiziert werden
sog	sogenannt(e,-er,-es)
UNEF	United Nations Emergency Force
UNICEF	United Nations Children´s Fund
UNO	United Nations Organization
UNTS	United Nations Treaty Series
vgl	vergleiche
VN	Vereinte Nationen
WEU	Westeuropäische Union
WVRK	Wiener Vertragsrechtskonvention
Z	Ziffer
ZaöRV	Zeitschrift für ausländisches öffentliches Recht und Völkerrecht
zB	zum Beispiel
ZBJI	Zusammenarbeit in den Bereichen Justiz und Inneres
ZÖR	Zeitschrift für öffentliches Recht

VORBEMERKUNGEN

Die Europäische Union wurde durch den Vertrag von Maastricht im Jahre 1992 gegründet. Damit wurden die drei Europäischen Gemeinschaften (EWG, EAG und EGKS) zu einem Gebilde zusammengefasst und um Politiken und Formen der Zusammenarbeit ergänzt. Für die drei Gemeinschaften, die als selbständige Internationale Organisationen die Grundlage der Union bilden, wurde ihre Völkerrechtspersönlichkeit in den Gründungsverträgen ausdrücklich verankert. Für die Union hingegen ist dies weder im Maastrichter, noch im Amsterdamer Vertrag und nunmehr auch nicht im neuen Vertrag von Nizza primärrechtlich festgelegt. Unklar ist daher bis heute die völkerrechtliche Einordnung der Union.

Vor diesem Hintergrund gewinnt die Frage nach der Völkerrechtspersönlichkeit der Union und damit ihrer eigenständigen Handlungsfähigkeit auf internationaler Ebene eine besondere Bedeutung. Wurde mit der Union eine Organisation geschaffen, die als selbständiger Rechtsträger in den internationalen Beziehungen auftreten kann? Sind Handlungen der Union dieser oder lediglich der Gesamtheit der Mitgliedstaaten zuzurechnen? Kann die Union Verträge im eigenen Namen abschließen? Und schließlich: Kann sie als Einheit gegenüber Drittstaaten auftreten? Kurz: Ist die Union international handlungsfähig?

Das Fehlen einer ausdrücklichen Bestimmung über die Rechtspersönlichkeit der Union verursacht in den internationalen Beziehungen oft Interpretationsprobleme, ist aber in diesem Bereich an sich nichts Ungewöhnliches. Eine explizite Verankerung in den Gründungsverträgen von Internationalen Organisationen ist eher die Ausnahme.[1] Auch der UNO wurde in der Satzung die Völkerrechtspersönlichkeit nicht explizit verliehen. Dies führte im Jahre 1949 zu dem richtungweisenden Rechtsgutachten des Internationalen Gerichtshofes "*Reparation for Injuries*", in dem sich der IGH grundsätzlich mit der Völkerrechtspersönlichkeit der Vereinten Nationen auseinandersetzte.

---

[1] Vgl *Ignaz Seidl-Hohenveldern/Gerhard Loibl*, Das Recht der Internationalen Organisationen einschließlich der Supranationalen Gemeinschaften[7] (2000) Rn 0324; *Henry G. Schermers/Niels M. Blokker*, International Institutional Law[3] (1995) § 1564 f.

Ausgehend von diesen Überlegungen soll hier dieser strittigen Frage nachgegangen und versucht werden, Grundlagen für eine Lösung aufzuzeigen. Die Arbeit gliedert sich in drei Teile. Den ersten Abschnitt bildet die ausführliche Darstellung des Gutachtens des IGH und seine Bedeutung in der Lehre. Im zweiten Teil werden die wesentlichen Argumente zur Rechtspersönlichkeit der Union nach den Verträgen von Maastricht, Amsterdam und Nizza behandelt. Im dritten Teil wird versucht die Kriterien des IGH in *Repartion for Injuries*, die ein Maßstab dafür sind, wer im völkerrechtlichen Sinne Träger von Rechten und Pflichten und damit Völkerrechtssubjekt ist, auf die Union anzuwenden, um zu einer Klärung der Völkerrechtspersönlichkeit der Union zu gelangen.

I. Die Völkerrechtspersönlichkeit der Vereinten Nationen (UNO) und der Internationale Gerichtshof (IGH)

A. Einleitung

Im Rechtsgutachten "*Ersatz für im Dienste der Vereinten Nationen erlittene Schäden (Bernadotte-Fall)*"[2] hat sich der Internationale Gerichtshof mit der Völkerrechtspersönlichkeit der Vereinten Nationen auseinandergesetzt und dabei Aussagen von grundsätzlicher Bedeutung für die Völkerrechtspersönlichkeit von Internationalen Organisationen im Allgemeinen gemacht. Es wird versucht, die Grundthesen des IGH und ihre Auswirkungen herauszuarbeiten und den Meinungsstand in der Lehre darzustellen.

Im Jahre 1948, während der ersten Phase des israelisch-arabischen Konfliktes (die Ausrufung des Jüdischen Staates ruft bei der arabischen Bevölkerung schärfsten Widerstand hervor), schickte die UNO Graf Folke Bernadotte, einen schwedischen Staatsbürger, als Vermittler nach Palästina. Dieser wurde von israelitischen Extremisten ermordet, nachdem er einen Waffenstillstand hatte durchsetzen können.

Unabhänging von einem Schadenersatzanspruch der Familie des Opfers, stellte sich die Frage, ob die UNO als solche einen Anspruch auf Entschädigung geltend machen konnte, aufgrund des Schadens, den sie erlitten hatte, weil ein hoher internationaler Beamter, der in ihrem Dienste stand, ermordet worden war. Es ging also um die Frage, ob die UNO als Rechtsperson den ihr entstandenen Schaden gegenüber dem Staate Israel geltend machen konnte, welcher zu dieser Zeit noch nicht Mitglied der UNO war. Dabei war auch zu klären, ob ein Nichtmitglied der Vereinten Nationen sich auf ein rechtliches Verfahren mit der UNO einlassen musste.[3]

---

[2] *Réparation des dommages subis au service des Nations Unies*, Avis consultatif du 11 avril 1949, CIJ Recueil 1949, 174.

[3] Vgl *Heribert Franz Köck/Peter Fischer*, Das Recht der internationalen Organisationen³ (1997) 567.

B. Der Internationale Gerichtshof, seine Rechtsgrundlagen und Zuständigkeiten

Der Internationale Gerichtshof ging im Jahre 1945 aus dem Ständigen Internationalen Gerichtshof[4] hervor und stellt gemäß Art 92 UNO-Satzung und Art 1 IG-Statut das Hauptrechtsprechungsorgan der Vereinten Nationen dar. Die Rechtsgrundlage des Gerichtshofes ist einerseits die UNO-Satzung und andererseits das Statut. Das Statut des IGH vom 26. Juni 1945 bildet einen integrierenden Bestandteil der Satzung.[5] Demnach sind die Mitglieder der UNO automatisch Vertragsparteien des Statuts. Dies stellt Art 93 UNO-Satzung ausdrücklich fest. Doch auch Nichtmitglieder der Vereinten Nationen können unter gewissen Bedingungen das Statut des IGH annehmen.[6]

Der Zuständigkeitsbereich des IGH umfaßt zunächst die Entscheidung von Rechtsstreitigkeiten zwischen Staaten. Nur diese sind berechtigt, als "Parteien vor dem Gerichtshof aufzutreten."[7] Dieser ist dann für alle Angelegenheiten zuständig, die ihm die Parteien vorlegen.[8] In diesem streitigen Verfahren haben die Internationalen Organisationen Auskunftsfunktion.[9]

Daneben kann der Gerichtshof gemäß Art 65 IG-Statut zu jeder (konkreten oder abstrakten) Rechtsfrage ein Gutachten erstellen.[10] Dies jedoch nur „auf Verlangen jedes Organs oder jeder Organisation, die durch die Satzung der Vereinten Nationen oder gemäß ihren Bestimmungen ermächtigt sind, ein Gutachten zu verlangen."[11] Dieser Verweis auf die Satzung der Vereinten Nationen beschränkt das Recht zur Gutachtenseinholung auf Organe der UNO und ihrer Sonderorganisationen. Gemäß Art 96 Abs 1 UNO-Satzung können die Generalversammlung oder der Sicherheitsrat ein derartiges Ersuchen stellen.

---

[4] Vgl Art 14 Völkerbundsatzung.

[5] Art 92 UNO-Satzung.

[6] Art 93 UNO-Satzung; vgl auch *Köck/Fischer*, Recht der internationalen Organisationen³ (1997) 268f.

[7] Art 34 Z 1 IG-Statut.

[8] Art 36 Z 1 IG-Statut.

[9] Art 34 Z 2 IG-Statut.

[10] „(L)a Cour peut donner un avis consultatif sur toute question juridique, abstraite ou non", „Der Gerichtshof kann ein Gutachten über jede Rechtsfrage geben, abstrakt oder nicht", aus dem Gutachten *Conditions de l'Admission d'un État comme Membre aux Nations Unies*, CIJ Recueil 1948, 57 (61).

[11] Art 65 Z 1 IG-Statut.

Einzelnen Staaten ist dieses Recht also verwehrt.[12] Bei der Gutachtenserstellung soll sich der IGH gemäß Art 68 IG-Statut auf die Bestimmungen über das Streitverfahren stützen, soweit er diese für anwendbar hält. In diesem Sinne hat der IGH freies Ermessen.[13] Wesentlich ist weiters, dass die Gutachten des Gerichtshofes nicht rechtsverbindlich sind[14], und somit rechtlich nicht durchgesetzt werden können.

Da ein Gutachten aber veröffentlicht wird, kommt diesem eine besondere Bedeutung zu, weil sich Rechtsprechung und Lehre daran orientieren. Das Gutachten im Falle Bernadotte erging aufgrund der Resolution vom 3. Dezember 1948, verabschiedet von der Generalversammlung. Eine beglaubigte Abschrift dieser Resolution wurde vom Generalsekretär dem Gerichtsschreiber übermittelt. Gemäß dem in Art 66 IG-Statut geregelten Verfahren wurde dies allen Staaten bekannt gemacht.

Der Gerichtshof setzt sich aus 15 unabhängigen Richtern zusammen. Diese werden von der Generalversammlung und vom Sicherheitsrat gewählt.[15] Dabei ist zu beachten, dass ein Staat nur einen Staatsangehörigen als Richter haben kann. Der Gerichtshof tagt in Plenarsitzungen, wobei ein Präsenzquorum von neun Richtern ausreicht.[16] Grundsätzlich entscheidet der IGH gemäß Art 55 IG-Statut mit Stimmenmehrheit. Daneben können auch Kammern zur Entscheidung in bestimmten Angelegenheiten eingesetzt werden.[17]

Schließlich ist noch auf den Art 57 IG-Statut besonders hinzuweisen. Dieser gibt jedem Richter das Recht, seine persönliche Meinung darzulegen, wenn die Entscheidung des Gerichtshofes in ihrer Gesamtheit oder zum Teil nicht einstimmig ausfällt. Eine solche ´opinion dissidente´ (Minderheitsvotum) wird der Entscheidung angeschlossen und veröffentlicht. Dies gilt gemäß Art 68 IG-Statut auch für die gutachtliche Tätigkeit des IGH.

---

[12] Vgl dazu *Peter Fischer/Heribert Franz Köck*, Allgemeines Völkerrecht[5] (2000) Rn 881.

[13] Vgl das in Anm 14 angeführte Gutachten, 72.

[14] „La réponse de la Cour n´a qu´un caractère consultatif: comme telle, elle ne saurait avoir d´effet obligatoire", „Die Antwort des Gerichtes hat nur beratenden Charakter: als solche kann sie keine verbindliche Wirkung haben", aus dem Gutachten *Interprétation des traités de paix*, CIJ Recueil 1950, 65 (71).

[15] Art 2, 3 und 4 IG-Statut.

[16] Art 25 IG-Statut.

[17] Art 26 ff IG-Statut.

C. Die wesentlichen Feststellungen des IGH

In concreto erbat die Generalversammlung in ihrer Resolution vom 3. Dezember 1948 vom IGH ein Gutachten über folgende Rechtsfragen:

I. In dem Falle, dass ein Beamter der Vereinten Nationen in Ausübung seiner Funktionen einen Schaden erleidet, der die Verantwortlichkeit eines Staates nach sich zieht, hat die Organisation der Vereinten Nationen die Fähigkeit, gegen die de iure et de facto verantwortliche Regierung einen internationalen Anspruch geltend zu machen? Einen Anspruch auf Ersatz des Schadens, der a) der UNO b) dem Opfer bzw seinen Rechtsnachfolgern entstanden ist?

II. Im Falle einer bejahenden Antwort auf die Frage I b), wie verhält sich das Vorgehen der Vereinten Nationen mit den Rechten des Staates, dessen Staatsbürger das Opfer war?

1. Völkerrechtspersönlichkeit der UNO

Der IGH behandelte die Frage zuerst in der Annahme, dass der belangte Staat Mitglied der UNO sei. Die Frage eines Anspruches gegenüber einem Nichtmitglied wird unter Punkt 5. erörtert. Zunächst präzisiert er, wie sich aus dem französischen authentischen Text ergibt, was unter der Fähigkeit, einen internationalen Anspruch geltend zu machen, zu verstehen ist:

> „(...) la capacité de recourir aux méthodes habituelles reconnues par le droit international pour l'établissement, la présentation et le règlement de réclamations."[18]

Er beruft sich dabei auf die im Völkerrecht vorgesehenen Arten der Anspruchserhebung. Solche sind: Einspruch; Forderung einer Untersuchung;

---

[18] CIJ Recueil 1949, 177: „Die Fähigkeit, sich auf die im internationalen Recht üblichen Methoden der Begründung, der Geltendmachung und Abwicklung von Ansprüchen zu berufen."

Verhandlung; Forderung, die Sache dem Schiedsgericht oder dem Gerichtshof zu unterbreiten.

Diese Fähigkeit steht grundsätzlich dem Staat zu, der gegen einen anderen Staat einen internationalen Anspruch erheben kann. Es stellt sich daher die Frage, ob die Natur der Organisation der Vereinten Nationen diese Fähigkeit miteinschliesst. Der IGH setzt sich konkret mit der Frage auseinander, ob die UNO internationale Rechtspersönlichkeit besitzt und ob die Mitgliedstaaten ihr gegenüber Pflichten besitzen. Er bejaht einstimmig die Rechtspersönlichkeit.

Die Ausführungen im Gutachten beruhen zunächst auf drei Grundgedanken:

a) Die Bejahung der Völkerrechtspersönlichkeit der Organisation bedeutet noch nicht, dass diese ein Staat sei oder die gleiche Rechtsposition wie ein Staat habe.

> „Les sujets de droit, dans un système juridique, ne sont pas nécessairement identiques quant à leur nature ou à l'étendue de leurs droits; et leur nature dépend des besoins de la communauté."[19]

Auf diese Weise führt der Gerichtshof ausdrücklich aus, dass Staaten nicht die einzigen Rechtssubjekte im internationalen Recht darstellen. Er lässt damit die Möglichkeit offen, dass es daneben auch andere Rechtssubjekte gibt.

b) Die Entwicklung des internationalen Rechts und das verstärkte kollektive Zusammenwirken der Staaten haben zur Folge, dass auch Körperschaften auf internationaler Ebene handeln, die keine Staaten sind. Dies führte eben 1945 zur Schaffung der UNO.

c) Die Satzung umschreibt die Struktur der Organisation.

Die Mitgliedstaaten wollten mit der UNO nicht nur ein Zentrum schaffen, um die Maßnahmen der Nationen zur Erreichung ihrer gemeinsamen Ziele in Einklang zu

---

[19] CIJ Recueil 1949, 178: „Die Rechtssubjekte in einem Rechtssystem sind nicht identisch hinsichtlich ihrer Natur und dem Ausmaß ihrer Rechte; ihre Natur hängt von den Bedürfnissen der Gemeinschaft ab."

bringen, wie dies in Art 1 Z 4 der Satzung ausdrücklich vorgesehen ist. Darüberhinaus, so betont der Gerichtshof, wurden der Organisation Organe gegeben, um ihre Mission erfüllen zu können.

In der Satzung wird das Verhältnis der Mitgliedstaaten gegenüber der Organisation angesprochen. Art 2 Z 5 UNO-Satzung verpflichtet die Mitgliedstaaten zur Unterstützung der Organisation; weiters sind die Mitgliedstaaten verpflichtet, die Entscheidungen des Sicherheitsrates zu befolgen bzw anzuwenden; die Generalversammlung hat die Möglichkeit, Empfehlungen auszusprechen; der Organisation wurden Rechtsfähigkeit, Privilegien und Immunitäten auf dem Gebiete ihrer Mitgliedstaaten verliehen (Art 104, 105 UNO-Satzung) und verschiedene Vertragsschlußkompetenzen eingeräumt. Somit hat die Organisation eine Reihe von Kompetenzen gegenüber ihren Mitgliedern. Die Organisation ist demnach in gewisser Weise, wie der IGH wörtlich ausführt, gegenüber den Mitgliedstaaten plaziert. Dies zeigt sich auch und vor allem beim Abschluß von Konventionen und Verträgen seitens der Organisation mit ihren Mitgliedern.

Last not least sind die Vereinten Nationen eine politische Organisation mit einer politischen Mission. So sind sie zur Erhaltung des Weltfriedens und der internationalen Sicherheit, der Entwicklung freundschaftlicher Beziehungen zwischen den Nationen und zur internationalen Zusammenarbeit auf Wirtschaftsebene und im sozialen Bereich berufen. Dies legt die Satzung in ihrem ersten Artikel fest.

Aufgrund dieser Erwägungen kommt der IGH zur Ansicht, daß die Organisation dazu bestimmt ist, Funktionen auszuüben und Rechte und Pflichten zu haben, die sich nur dann erklären lassen, wenn sie "einen großen Umfang internationaler Rechtspersönlichkeit"[20] hat und somit die Fähigkeit, auf internationaler Ebene zu handeln. Die Organisation könnte die Absichten ihrer Gründer nicht erfüllen, wenn sie eine solche Rechtspersönlichkeit nicht hätte. Die Mitglieder haben, indem sie der Organisation Funktionen mit den dazugehörenden Pflichten und Verantwortlichkeiten zugeschrieben haben, sie auch mit der nötigen Fähigkeit ausgestattet, diese Funktionen effektiv zu erfüllen. Hier trifft der IGH die entscheidende Schlußfolgerung. Aufgrund der völkerrechtlichen Rechte und Pflichten der Organisation schließt er auf die Rechtspersönlichkeit.

---

[20] CIJ Recueil 1949, 179.

> „En conséquence, la Cour arrive à la conclusion que l'Organisation est une personne internationale. (...) Cela signifie que l'Organisation est un sujet de droit international, qu'elle a capacité d'être titulaire de droits et devoirs internationaux et qu'elle a capacité de se prévaloir de ses droits par voie de réclamation internationale."[21]

Zur Abgrenzung weist der IGH nochmals deutlich darauf hin, dass dies aber nicht bedeutet, dass die Organisation ein Staat oder gar ein wie immer gearteter Superstaat sei.

2. Umfang der Rechte

Nach dieser grundsätzlichen Bejahung der Rechtspersönlichkeit der Organisation, behandelt das Gericht die Frage nach dem Umfang dieser Rechte und im Speziellen die Frage, ob in der Summe all dieser Rechte auch das Recht auf Geltendmachung eines Schadenersatzanspruches enthalten ist.

So führt das Gericht aus, dass die Organisation nicht alle Rechte und Pflichten der Staaten hat. Diese besitzen sie in ganzem Umfang, soweit sie vom Völkerrecht anerkannt sind. Demgegenüber müssen die Rechte und Pflichten der Organisation von ihren Zielen und Funktionen abhängen, die im Gründungsvertrag angeführt und daraus impliziert sind und sich in der Praxis entwickelt haben.

Einen Hinweis dafür, dass die Organisation eben nicht alle völkerrechtlichen Rechte und Pflichten besitzt, liefert auch die oben unter Punkt 1. angeführte französische Definition der Rechtspersönlichkeit. Diese spricht von der Fähigkeit, "d'être titulaire **de** droits et devoirs internationaux". Aus der Tatsache, dass der IGH das Wörtchen "de" und nicht "des" verwendet hat, lässt sich schließen, dass er der Organisation nur gewisse Rechte und Pflichten zuschreiben wollte.

---

[21] CIJ Recueil 1949, 179: „Folglich kommt der Gerichtshof zum Schluß, daß die Organisation eine internationale Rechtsperson ist. (...) Das bedeutet, daß die Organisation ein Völkerrechtssubjekt ist, das die Fähigkeit hat, Träger von internationalen Rechten und Pflichten zu sein, und sich auf ihre Rechte durch internationale Ansprüche stützen kann."

Da die Rechte der Organisation von ihren Zielen und Funktionen abhängen, kommt der IGH auf die Frage, welche Ansprüche die Organisation nun im Einzelnen stellen könne, zu folgendem Schluß:

> „(...) les Membres ont conféré à l'Organisation qualité pour présenter les réclamations internationales que nécessiterait l'exercice de ses fonctions."[22]

3. Ersatz des Schadens der Organisation

Bezüglich eines Schadenersatzanspruches der Vereinten Nationen war die Frage I unterteilt. Zunächst zum Ersatz des Schadens der Organisation als solcher. Hiezu bemerkt der Gerichtshof, dass es evident sei, dass die Organisation die Fähigkeit habe, Ersatz für die ihr zugefügten Schäden zu verlangen. Dieser Anspruch ergibt sich aus der Existenz von internationalen Verpflichtungen, wenn diese seitens eines Mitgliedstaates verletzt werden. Ein solcher Verstoß hat der Organisation Schäden in ihren Interessen, ihrem Vermögen und ihrem Personal verursacht.

Aus all diesen Überlegungen und auf der Basis der Zwecke und Ziele der Organisation entschied sich der IGH hinsichtlich Teil a) der Frage I einstimmig für einen Anspruch auf Ersatz des Schadens der Organisation.

4. Geltendmachung des Ersatzes des Schadens des Opfers bzw seiner Rechtsnachfolger

Es stellt sich hier zunächst das Problem des Verhältnisses eines Anspruches der Organisation zur traditionellen Regel des diplomatischen Schutzrechtes, welches den Staaten zusteht. Der Gerichtshof argumentiert hier auf zwei Schienen.

---

[22] CIJ Recueil 1949, 180: „Die Mitglieder haben der Organisation die Fähigkeit übertragen, diejenigen Ansprüche zu stellen, die die Ausübung ihrer Funktionen erfordert."

Zunächst schließt die Regel vom diplomatischen Schutz nicht von vornherein einen derartigen Anspruch aus. Es geht zwar hier um den Fall, dass eine Organisation und nicht ein Staat einen Anspruch stellen will. Aber das diplomatische Schutzrecht basiert darauf, dass nur der Staat einen Anspruch stellen kann, gegen den eine internationale Verpflichtung besteht, welche von der Gegenpartei verletzt wurde. Wenn also die Organisation als ´Anspruchsgrundlage´ die Verletzung einer internationalen Verpflichtung ihr gegenüber behauptet, entsteht eine ähnliche Situation.

Andererseits kann diese Ähnlichkeit zur Regel des diplomatischen Schutzes nicht per se einen solchen Anspruch der Organisation rechtfertigen. Denn es ist nicht zulässig, so ausdrücklich das Gericht, die Verbindung der Nationalität zwischen dem Staat und seinem Bürger auf eine Ebene mit der Rechtsbeziehung zu stellen, die zwischen der Organisation und seinen Beamten gemäß Art 100 der Satzung gegeben ist. Insoweit können diese beiden Aspekte doch nicht ganz verglichen werden, weil sie auf verschiedenen Grundlagen beruhen.

Der Gerichtshof ist sich bewußt, dass er es hier mit einer neuen Situation zu tun hat und stellt, gestützt auf die Satzung, die Frage: Hat die Organisation die Kompetenz, ihren Beamten Schutz gewähren zu können, indem sie zu ihren Gunsten einen Anspruch auf Ersatz der erlittenen Schäden stellt? Der IGH löst das Problem mit folgender These:

> „(...) l´Organisation doit être considérée comme possédant ces pouvoirs qui, s´ils ne sont pas expressément énoncés dans la Charte, sont, par une conséquence nécessaire, conférés à l´Organisation en tant qu´essentiels à l´exercice des fonctions de celle-ci."[23]

Zunächst weist das Gericht auf die Mission der UNO hin, die es oft verlangt, dass Beamte in gefährliche Gebiete entsandt werden. Folglich muss die Organisation auch angemessenen Schutz gewähren. Außerdem wurden zu diesem Zwecke Verträge abgeschlossen und Art 2 Z 5 der Satzung verpflichtet die Staaten zur vollen Hilfeleistung. Wenn nun ein Staat einen Verstoß gegen solche Normen begeht, muss die Organisation in der Lage sein, von diesem Staat das Ende des

---

[23] CIJ Recueil 1949, 182: „Die Organisation hat jene Kompetenzen, die, wenn sie nicht ausdrücklich in der Satzung angeführt sind, ihr notwendigerweise als essentiell für die Ausübung ihrer Funktionen übertragen sind."

Fehlverhaltens und in weiterer Folge Ersatz für den Schaden zu verlangen, der ihrem Beamten entstanden ist. Ein weiteres Argument ist die Unabhängigkeit des Beamten, zu der er gemäß Art 100 UNO-Satzung verpflichtet ist. Diese könnte gefährdet werden, wenn er sich auf einen Schutz außerhalb der Organisation (etwa den seitens seines eigenen Staates) stützen müsste.

In Anbetracht der Art der Funktion und Mission der UNO und seiner Beamten gelangt das Gericht zur Auffassung, dass die Fähigkeit der Organisation, einen funktionellen Schutz ihrer Beamten auszuüben, notwendigerweise in der Satzung implizit enthalten ist. Sonst würde die effektive und unabhängige Erfüllung ihrer Mission gefährdet werden, wenn der Beamte nicht auf den Schutz seitens der Organisation vertrauen könnte. Dies ist umso wichtiger, wenn der Beamte ein Staatenloser ist.

Zu beachten ist noch ein Weiteres. Die Verträge oder Verpflichtungen, die von den Staaten unterzeichnet wurden, damit die Beamten ihre Pflichten erfüllen können, sind im Interesse der Organisation unterzeichnet worden. Indem die Organisation Ersatz für ihre Beamten verlangt, macht sie ihr eigenes Recht geltend. Ihr Recht auf Einhaltung der ihr gegenüber eingegangenen Verpflichtungen. Die Organisation repräsentiert also nicht ihren Beamten, sondern bekräftigt ihr eigenes Recht. Hierin liegt meines Erachtens ein wesentlicher Unterschied zum diplomatischen Schutzrecht.

Somit bestätigt der IGH ein Recht zum funktionellen Schutz der Beamten. Er entschied diese Frage mit 11 Stimmen gegen 4 Stimmen. Die vier Richter, die dagegen stimmten (darunter auch *Hackworth* - siehe unten Punkt 6., vertraten den traditionellen Standpunkt, dass Ansprüche zugunsten einer Einzelperson nur von ihrem jeweiligen Staat geltend gemacht werden sollten.

5. Anspruch gegenüber Nichtmitglied

Bleibt noch ein sehr wesentlicher Aspekt der ersten Frage: Wie steht es mit dem Anspruch, wenn der belangte Staat kein Mitgliedstaat der Organisation ist? Kann die Organisation den Anspruch auch gegenüber Nichtmitgliedstaaten erheben? Oder ist etwa dieser Nichtmitgliedstaat berechtigt einzuwenden, diese Fähigkeit fehle der Organisation? Die knappe Antwort des Gerichts lautet:

> „La Cour est d'avis que cinquante états, représentant une très large majorité des membres de la communauté, avaient le pouvoir, conformément au droit international, de créer une entité possédant une

personnalité internationale objective - et non pas simplement une personnalité reconnue par eux seuls - ainsi que la qualité de présenter des réclamations internationales."[24]

Es kommt nicht darauf an, ob der belangte Staat Mitglied ist oder nicht. Die Organisation kann auf internationaler Ebene in Beziehung mit Drittstaaten handeln. Zur Begründung dieses Standpunktes führt der IGH keine weiteren Argumente an. Auch bei der Annahme einer objektiven Rechtspersönlichkeit waren alle Richter einverstanden, wenn es um einen Schadenersatzanspruch der Organisation ging. Hinsichtlich eines Anspruches zugunsten eines Beamten waren allerdings wieder dieselben vier Richter dagegen.

Der IGH geht nach der Behandlung des Anspruches gegenüber einem Nichtmitglied auf die Frage des Verhältnisses zwischen dem funktionellen Schutz des Beamten seitens der Organisation und dem diplomatischen Schutzrecht ein (Frage II):

Das Recht des Staates auf diplomatischen Schutz (seines Bürgers) und das Recht der Organisation auf funktionellen Schutz (ihres Beamten) können konkurrieren. Die Basis für beide Ansprüche ist aber nicht diesselbe und es gibt für diesen Fall keine Regel, die dem einen oder anderen den Vorzug gäbe oder einen zwingt, von der Anspruchserhebung abzusehen. Um diese beiden Ansprüche in Einklang zu bringen, schlägt der Gerichtshof vor, Lösungen guten Willens auf Kooperationsebene zwischen der Organisation und dem Staat zu finden, damit der belangte Staat nicht zweimal für den Schaden aufkommen muß. Außerdem verweist er auf Art 2 Z 5 UNO-Satzung, wo die Verpflichtung der Mitglieder zur Hilfeleistung normiert ist. Überdies könne das Konkurrenzrisiko dadurch vermieden werden, dass generelle Abkommen oder Verträge für den Einzelfall geschlossen werden.

Wenn der Beamte die Nationalität des belangten Staates hat, ist weiters zu beachten, dass die allgemeine Praxis im Bereich des diplomatischen Schutzrechtes, wonach ein Staat seinen Schutz zugunsten eines Bürgers gegen

---

[24] CIJ Recueil 1949, 185: „Das Gericht ist der Ansicht, dass 50 Staaten, die eine große Mehrheit an Mitgliedern der Gemeinschaft repräsentieren, die Fähigkeit haben, entsprechend dem internationalen Recht, einen Rechtskörper zu schaffen, der objektive internationale Rechtspersönlichkeit - und nicht nur eine unter den Mitgliedern anerkannte Rechtspersönlichkeit - sowie die Fähigkeit, internationale Ansprüche zu stellen, besitzt."

einen anderen Staat nicht ausübt, wenn der Bürger auch dem anderen Staat angehört, hier nicht greift. Grundsätzlich basiert das Handeln der Organisation nicht auf dem Gesichtspunkt der Nationalität des Opfers, sondern auf der Eigenschaft als Beamter der Organisation, der funktionell für diese tätig wird. Die Frage der Nationalität ist nicht rechtserheblich für die Zulässigkeit des Anspruchs und stellt demzufolge auch kein Hindernis dar. Die Organisation kann daher solche Ansprüche zugunsten ihrer Beamten auch gegenüber deren Heimatstaaten geltend machen.

6. Die abweichende Meinung von Hackworth

In seiner Stellungnahme zeigt sich der US-amerikanische Richter *Green H. Hackworth* zunächst einverstanden mit der Fähigkeit der Organisation, ihren Schaden geltend zu machen. Im Wesentlichen hat für ihn die Organisation ausreichende Kompetenzen, die ihr erlauben, gegen die ihr zugefügten Schäden vorzugehen. *Hackworth* geht zunächst in seiner Begründung auf die der Organisation explizit eingeräumten Kompetenzen ein. Neben einem ausdrücklichen Verweis auf die Art 104 und 105, Abs 1 und 2 der Satzung, führt er auch die Konvention über Privilegien und Immunitäten an, die 1946 von der Generalversammlung verabschiedet wurde. Darin ist unter anderem Folgendes angeführt: "Die Organisation besitzt Rechtspersönlichkeit und hat die Fähigkeit, Verträge zu schließen, Vermögen anzuschaffen und zu verkaufen und vor Gericht aufzutreten."[25] *Hackworth* sieht in den ausdrücklichen Bestimmungen die Grundlage dafür, dass die Organisation imstande ist, einen Schadenersatzanspruch zu stellen.

> „L'Organisation doit posséder, et possède, des pouvoirs amplement suffisants pour lui permettre de prendre les dispositions nécessaires, afin de se protéger contre des actes dommageables dont seraient responsables les États Membres. (...) C'est là une application appropriée de la doctrine des pouvoirs présumés."[26]

---

[25] Art I, Abschnitt I, der Konvention über die Privilegien und Immunitäten der Vereinten Nationen vom 13. Februar 1946, UNTS I, 15 ff.

[26] CIJ Recueil 1949, 197: „Die Organisation hat bei weitem ausreichende Kompetenzen, die ihr erlauben, die nötigen Schritte zu unternehmen, um sich gegen die zugefügten Schäden, für die die Mitgliedstaaten verantwortlich sind, zu schützen, und muss sie haben. (...) Das ist eine entsprechende Anwendung der Lehre von den Implied Powers."

Interessant ist die abweichende Meinung in seinem Sondervotum zu Frage I b). Hat der IGH der Organisation auch das Recht zugestanden, den Schaden des Opfers bzw seiner Rechtsnachfolger geltend zu machen, so widerspricht dem *Hackworth*.

Der IGH behauptet, dass diese Fähigkeit der Organisation durch "nécessaire implication"[27] übertragen sei, weil sie nötig sei, um die Mission der Vereinten Nationen effektiv zu erfüllen. Genau hier setzt der erste Kritikpunkt von *Hackworth* ein. Implizite bzw abgeleitete Kompetenzen ergeben sich insoweit aus den expliziten, als sie für die Ausübung dieser notwendig sind. Diese Notwendigkeit könne aber hier nicht nachgewiesen werden. Es bestehe hier kein bestimmter Grund, warum die Organisation einen Anspruch zugunsten ihrer Beamten übernehmen sollte. Diese Beamten sind ja weiterhin Bürger ihres Heimatstaates, welcher zu ihren Gunsten vorgehen kann. Nach *Hackworth* besteht kein Grund, dass hier eine zusätzliche Kompetenz der UNO nötig wäre, um die effektive Ausübung ihrer Funtionen zu erfüllen.

Weiters lehnt *Hackworth* ausdrücklich eine Analogie ab, nach der das Verhältnis Staat - Bürger mit dem Verhältnis Organisation - Beamter gleichgesetzt wird. Doch auch das Gericht hat eine derartige Analogie nicht zugelassen, indem es aussprach, dass ein Anspruch der Organisation allein nach den Grundsätzen des diplomatischen Schutzrechtes nicht gerechtfertigt werden kann.

Schließlich geht *Hackworth* auf das Argument des Gerichtes ein, dass die Unabhängigkeit des Beamten, zu der er gemäß Art 100 der Satzung verpflichtet ist, gefährdet sein könnte, wenn er sich auf den Schutz seines Staates verlassen müsste. Aus dem Inhalt dieses Artikels ergibt sich, dass die Funktionen auf einer Ebene von Loyalität und Treue ausgeübt werden und dass die Mitgliedstaaten die Beamten nicht beeinflussen dürfen; außerdem, dass die Beamten nicht als Beamten ihrer Regierung angesehen werden. Doch man darf sich, so *Hackworth*, nicht auf Art 100 der Satzung stützen, um indirekt zugunsten der Organisation eine Kompetenz zu beanspruchen, für die es keine direkte Ermächtigung gibt. Für *Hackworth* gibt es keine Unvereinbarkeit zwischen der Staatsangehörigkeit und der Treue gegenüber der Organisation. Der Beamte bleibt weiterhin Bürger seines Staates. Dieser kann ihn entsprechend dem internationalen Recht weiterhin schützen. Der Weg dazu ist das diplomatische Schutzrecht, welches auf dem Grundgedanken basiert, dass ein Staat einen Schaden aus der Tatsache erleidet,

---

[27] CIJ Recueil 1949, 184, 198: etwa „notwendiges Nachsichziehen, Zurfolgehaben."

dass seinem Bürger ein Schaden zugefügt wurde. Im Gegenzug zur Loyalität des Bürgers gegenüber seinem Staate, gewährt dieser ihm seinen Schutz. Die Nationalität ist eine 'conditio sine qua non' für das diplomatische Schutzrecht. Der Schutz ist demnach beschränkt auf die Staatsbürger. Eine Analogie zum diplomatischen Schutzrecht läßt *Hackworth* nicht zu. Wenn die Organisation aber dennoch Ansprüche im Namen ihrer Beamten übernehmen möchte, steht ihr dazu der Weg von Übereinkommen offen, in denen die Staaten die Organisation dazu ausdrücklich ermächtigen.

D. Bedeutung und Auswirkung des IGH-Gutachtens - Meinungsstand in der Lehre

1. Die Völkerrechtspersönlichkeit

> „Jamais une notion de droit international n'a été l'objet d'autant d'études et d'autant de malentendus que cette notion de personne internationale qui paraît si simple au premier abord."[28]
>
> *Badr Kasme*, Mitglied des Sekretariats der Vereinten Nationen

a) Defintion der Völkerrechtspersönlichkeit

Im Gutachten trifft der IGH zunächst die wesentliche Feststellung, dass Staaten nicht die einzigen Rechtssubjekte im internationalen Recht sind. Dieser zentralen Aussage kommt deshalb eine besondere Bedeutung zu, weil lange Zeit Staaten als die einzigen Rechtssubjekte auf internationaler Ebene galten.[29]

Zur Frage der Völkerrechtspersönlichkeit hat die englische Regierung in ihrer schriftlichen Stellungnahme im Bernadotte-Fall Folgendes ausgeführt:

---

[28] „Noch nie war ein Begriff des Internationalen Rechts Gegenstand sovieler Untersuchungen und Mißverständnisse wie dieser der Internationalen Rechtspersönlichkeit, der im ersten Augenblick so einfach erscheint", *Badr Kasme*, La capacité de l'Organisation des Nations Unies de conclure des traités, (Paris 1960) 15.

[29] Vgl *Ignaz Seidl-Hohenveldern*, Völkerrecht[9] (1997) Rn 617.

„(...) any entity which has rights and obligations is a person, and if the rights and obligations concerned are essentially international in character, the personality must be international also."[30]

Ähnlich definiert *Zemanek*, indem er ausführt: „Wer faktisch Träger völkerrechtlicher Rechte und Pflichten ist, ist danach Völkerrechtssubjekt."[31] Für *Verdross* sind all jene Personen Völkerrechtssubjekte, deren Verhalten unmittelbar von der Völkerrechtsordnung geregelt ist.[32]

Aufgrund dieser Definitionen ist daher davon auszugehen, dass Völkerrechtssubjektivität in erster Linie den Staaten zukommt. Sie sind Träger aller völkerrechtlichen Rechte und Pflichten. Dies ist in der Lehre unstreitig. Die Frage nach der Völkerrechtspersönlichkeit einer Internationalen Organisation erscheint nicht geklärt. Hier erlangt das IGH-Gutachten Bedeutung, indem es ausspricht, daß die Rechtssubjekte nicht identisch sind hinsichtlich ihrer Natur und dem Ausmaß ihrer Rechte. Daraus ergibt sich, dass eben nicht nur Staaten Rechtssubjekte sein können.

Es gibt im allgemeinen Völkerrecht keine Normen, die der Internationalen Organisation völkerrechtliche Rechte und Pflichten zukommen lassen. Vielmehr könnten nur die Staaten, die selbst Rechtssubjekte sind, durch einen besonderen Willensakt in Form eines völkerrechtlichen Vertrages Kompetenzen zum Erwerb eigener völkerrechtlicher Rechte und Pflichten geben. Sehen diese Kompetenzen den Erwerb von völkerrechtlichen Rechten und Pflichten vor, so ist die Organisation als solche Völkerrechtssubjekt. Das Verhalten der Internationalen Organisation wäre dann unmittelbar durch die Völkerrechtsordnung bestimmt. *Zemanek* sieht im Nachweis völkerrechtlicher Rechte und Pflichten den Beweis für die Völkerrechtspersönlichkeit der Internationalen Organisation. Diese Rechte und Pflichten werden vom Gründungsvertrag den Organen zugerechnet. Es sind demzufolge Rechte und Pflichten der Organisation als solcher und somit verschieden von den Rechten und Pflichten der einzelnen Mitglieder.[33]

---

[30] „(...) jedes Wesen, das Rechte und Pflichten hat, ist eine Person, und wenn diese Rechte und Pflichten im wesentlichen von internationalem Charakter sind, dann muß auch die Persönlichkeit international sein", CIJ Recueil, 1949, Mémoires, Plaidoiries et Documents, 27f.

[31] *Karl Zemanek*, Das Vertragsrecht der Internationalen Organisationen (1957) 19.

[32] *Alfred Verdross*, Völkerrecht^5 (1964) 188.

[33] Vgl *Zemanek*, Vertragsrecht der Internationalen Organisationen, 19.

Somit bleibt zwar der einzelne souveräne Staat das Urbild der Rechtsperson im Völkerrecht, so wie die natürliche Person die typische Rechtsperson des innerstaatlichen Rechts ist.[34] Die Internationale Organisation als Verbindung mehrerer souveräner Staaten ist gleichsam die juristische Person des Völkerrechts. Diese entspricht dann auf innerstaatlicher Ebene der juristischen Person, als Zusammenschluss mehrerer Einzelmenschen, die eigene Rechtspersönlichkeit besitzt, und von derjenigen der einzelnen Mitglieder verschieden ist.[35]

Dass die Feststellungen des IGH besonderes Augenmerk verdienen, lässt sich vor allem unter Hinweis auf *Lauterpacht* erkennen, wenn dieser ausführt:

> „The significance of this unanimous Opinion lies not so much in the recognition of the international personality of the United Nations as in the final and formal rejection of the view that States only can be subjects of international law. (...) It is that aspect which would appear to provide a conspicuous example of judicial legislation."[36]

Internationale Organisationen sind demnach Völkerrechtssubjekte, wenn der Wille der Mitgliedstaaten dahin ging, ihnen Völkerrechtspersönlichkeit zu verleihen,[37] und wenn sie Träger völkerrechtlicher Rechte und Pflichten sind.

b) Konsequenzen dieser Definition

Zusammenfassend kann als Konsequenz dieser Definition der Völkerrechtspersönlichkeit abgeleitet werden, dass auch eine Organisation mit nur sehr wenigen völkerrechtlichen Rechten und Pflichten, im Extremfall mit nur einem Recht, als Völkerrechtssubjekt angesehen werden kann. Das heißt, dass der Besitz eines völkerrechtlichen Rechtes genügt, um als Völkerrechtssubjekt qualifiziert zu

---

[34] Vgl *Seidl-Hohenveldern*, Völkerrecht, Rn 799, 800.

[35] Vgl auch *Zemanek*, Vertragsrecht der Internationalen Organisationen, 20.

[36] „Die Bedeutung dieser einstimmigen Meinung liegt nicht so sehr in der Zuerkennung der internationalen Rechtspersönlichkeit der Vereinten Nationen, als vielmehr in der letztendlichen, formalen Ablehnung der Ansicht, daß Staaten allein Rechtssubjekte des internationalen Rechts sein können. (...) Es ist dieser Aspekt, der ein auffallendes Beispiel von richterlicher Gesetzgebung zu liefern scheint", *Sir Hersch Lauterpacht*, The Development of International Law by the International Court (London 1958) 179.

[37] *Seidl-Hohenveldern*, Völkerrecht, Rn 808.

werden.[38] Dies erscheint vor allem auch deshalb logisch, weil der IGH ausgesprochen hat, dass eben das Ausmaß der Rechte und Pflichten der Völkerrechtssubjekte nicht gleich ist.

Und eine weitere wichtige Folge sieht *Kasme*: Wenn die Völkerrechtssubjektivität aus der Tatsache des Besitzes völkerrechtlicher Rechte und Pflichten abgeleitet wird, kann man alleine aus der Bezeichnung der Völkerrechtspersönlichkeit noch kein bestimmtes Recht ableiten. Diese Ansicht ist in der Lehre allerdings nicht unstreitig. So knüpft zum Beispiel *Kelsen* an den Begriff der Völkerrechtspersönlichkeit allein gewisse Rechte und Pflichten.[39] Diesen 'Umkehrschluß' hält aber *Kasme* für unzulässig. Denn die Rechtspersönlichkeit ist nicht der Ausgangspunkt oder die Grundlage, sondern stellt den Endpunkt, die Konsequenz aus der Existenz von Rechten dar.[40]

Auch wenn die Völkerrechtspersönlichkeit definiert ist, können daraus noch keine bestimmten Rechte und Pflichten abgeleitet werden.[41] Die Bedeutung der Bezeichnung als Rechtsperson liegt in der Vermutung, dass die Organisation die Fähigkeit hat, auf internationaler Ebene Träger von Rechten und Pflichten zu sein und meint daher die Eigenschaft der mehr oder weniger umfassenden Rechtsfähigkeit.

Auch der IGH hat die Rechtspersönlichkeit zunächst unter anderem aufgrund der Vertragsschlusskompetenzen, die der Organisation in der Satzung gegeben sind, festgestellt. Den Schadenersatzanspruch der Organsation hat er nicht primär aus der Rechtspersönlichkeit abgeleitet, sondern aus den Funktionen und Zielen, zu deren Erfüllung ein solcher eben notwendig ist. In diesem Sinne hält auch *Bowett*[42] fest:

---

[38] Vgl dazu ausführlich *Kasme* (Paris 1960) 21 ff.

[39] Siehe unten Punkt 2. b).

[40] *Kasme* (Paris 1960) 30; vgl dazu auch *D.W. Bowett*, The Law of International Institutions² (London 1970) 306: „However, whilst treaty making power is clearly evidence of international personality, the reverse may not be true, for, (...)'personality' is an infinitely variable concept and it does not in the least follow that every international person has the capacity to make treaties".

[41] „Il n'y a pas de droit commun pour les personnes internationales", „Es gibt kein gemeinsames, allgemeines Recht für die Internationalen Organisationen", Richter *Badawi* in seinem Sondervotum zum Gutachten des IGH, CIJ Recueil 1949, 205.

[42] *Bowett*, The Law of International Institutions (London 1970).

„(...) reference to the functions and powers of the organisation exercised on the international plane, and not to the abstract and variable notion of personality, will alone give guidance on what powers may properly be implied."[43]

So kommt auch *Mosler*[44] zu dem abschließenden Ergebnis:

„Aus der Völkerrechtspersönlichkeit als solcher ergeben sich keine bestimmten Rechte und Pflichten; es gibt auch keine Mindestposition, die damit verbunden wäre. Vielmehr ist umgekehrt aus den Rechten und Pflichten auf die Rechtsfähigkeit zu schließen."

2. Auslegung der Satzung der Vereinten Nationen

Die Satzung der Vereinten Nationen enthält keine ausdrückliche Bestimmung über die Völkerrechtspersönlichkeit der UNO. Allerdings bestimmt Art 104 UNO-Satzung, dass die Organisation im innerstaatlichen Recht Rechtspersönlichkeit genießt. Darunter fällt zum Beispiel die Ausübung privatrechtlicher Rechte und Pflichten. Diese innerstaatliche Rechtspersönlichkeit deckt sich aber nicht mit der völkerrechtlichen Rechtspersönlichkeit. Inbesondere kann von dieser innerstaatlichen Rechtspersönlichkeit nicht die Zuerkennung der Völkerrechtssubjektivität abgeleitet werden.[45] Fest steht jedenfalls, dass die Organisation aufgrund des Art 104 der Satzung im Zusammenhang mit Art I, Abschnitt I der Konvention über die Privilegien und Immunitäten eine juristische Person ist, wenn auch nach diesen Bestimmungen nur im innerstaatlichen Recht der Mitglieder.

Bei der Gründungskonferenz der Vereinten Nationen in San Franzisco im Jahre 1945 wurde sehr wohl überlegt, eine Bestimmung über die Völkerrechtspersönlichkeit in die Satzung aufzunehmen. Aber schließlich lehnte das Komitee

---

[43] „Nur Bezugnahme auf die Funktionen und Zwecke der Organisation auf internationaler Ebene, und nicht auf die abstrakte und variable Bestimmung der Rechtspersönlichkeit, gibt Anleitung, welche Rechte abgeleitet werden", *Bowett*, The Law of International Institutions, 303; vgl zu den implied powers eingehend *Stadlmeier*, unten Punkt 2. a).

[44] *Hermann Mosler*, Die Erweiterung des Kreises der Völkerrechtssubjekte, ZaöRV 1962, 22 (45).

[45] Vgl *Pierre-Marie Dupuy*, Droit international public[4] (1998) 162.

IV/2 einen diesbezüglichen belgischen Antrag ab,[46] und zwar mit folgender Begründung:

> „As regards the question of international juridical personality, the Committee has considered it superfluous to make this the subject of a text. In effect, it will be determined implicitely from the provisions of the Charter as a whole."[47]

Diese Ansicht wurde vor dem IGH dann auch vom Vertreter der belgischen Regierung, *Kaeckenbeeck*, veranschaulicht, als er in seinem Statement bemerkte:

> „Ni le langage de l'article 104, ni le rejet de la proposition belge à San-Francisco n'ont exclu cette personnalité, ni amoindri la capacité juridique internationale des Nations Unies."[48]

Und auch der Vertreter der Regierung des Vereingten Königreiches, *Fitzmaurice*, schloss sich vor dem Gericht diesem Gedanken an:

> „(...) the fact that Article 104 of the Charter does not deal with international legal status as such, should not be held to rule out the possession of international personality by the Organisation if such personality appears to be established by, or to result from, the other provisions of the Charter."[49]

Bei historischer Auslegung der Satzung aufgrund dieser Materialien und der Stellungnahmen der genannten Regierungsvertreter, zeigt sich, dass die Völkerrechtssubjektivität der UNO beabsichtigt war. Gleichzeitig wurde auf eine implizite Auslegung der Satzung verwiesen.

---

[46] Vgl *Zemanek*, Vertragsrecht der Internationalen Organisationen, 24.

[47] „Was die Völkerrechtspersönlichkeit betrifft, erachtet es das Komitee für überflüssig, dies im Text vorzusehen. Diese wird implizit aus den Bestimmungen der Satzung als Ganzes bestimmt werden", Report of the Rapporteur of Committee IV/2, U.N.C.I.O. Doc 933, IV/2/42 (2), 8.

[48] „Weder die Formulierung des Art 104, noch die Ablehnung des belgischen Antrages haben die Rechtspersönlichkeit ausgeschlossen, noch die internationale Rechtsfähigkeit der UNO vermindert", *M. Kaeckenbeeck*, CIJ Recueil 1949, Plaidoiries, 98.

[49] „Die Tatsache, dass Art 104 der Satzung nicht von der internationalen Rechtsfähigkeit als solcher handelt, soll nicht dazu führen, dass die internationale Rechtspersönlichkeit der Organisation ausgeschlossen wird, wenn ebendiese auf die anderen Bestimmungen der Satzung gegründet zu sein scheint", *M. Fitzmaurice*, CIJ Recueil 1949, Plaidoiries, 117.

a) Teleologische Interpretation: Effet Utile - Implied Powers

Da eine ausdrückliche Zuerkennung der Völkerrechtspersönlichkeit fehlt, hat sich die Lehre besonders mit der teleologischen Auslegung der Satzung befasst und dieser eine überragende Bedeutung beigemessen. Ausgehend von der oben unter Punkt 1. a) angeführten Auffassung, nach der die Organisation dann Rechtspersönlichkeit hat, wenn sie Trägerin völkerrechtlicher Rechte und Pflichten ist, ist die Satzung „im Lichte der Ziele der Organisation auszulegen."[50] Diese Ziele sind für die UNO in Art 1 der Satzung festgelegt. Die teleologische Vertragsinterpretation stellt dabei auf Sinn und Zweck der auszulegenden Normen ab. Einerseits sollen gemäß dem Grundsatz vom "effet utile" die Vertragsbestimmungen so weit ausgelegt werden, dass der von den Vertragspartnern gewollte Zweck erreicht wird und die Bestimmungen eine möglichst nützliche Wirkung entfalten. Andererseits ist auch die Lehre von den Implied Powers heranzuziehen. Danach werden der Organisation Kompetenzen zugestanden, die sie zur Erfüllung der ihr zukommenden Aufgaben benötigt, selbst wenn diese Rechte auch bei weitherzigster Auslegung des Textes darunter nicht verstanden werden können.[51]

Nach *Stadlmeier*[52] werden unter implied powers Kompetenzen verstanden, die einem Rechtssubjekt zustehen, ohne in jener Rechtsgrundlage, von der das betreffende Subjekt seine Kompetenzen und Befugnisse herleitet, ausdrücklich genannt zu sein.

Die Lehre von den Implied Powers stammt ursprünglich aus dem US-amerikanischen Verfassungsrecht und besteht grundsätzlich aus zwei Elementen.[53] Zunächst werden ausdrückliche Kompetenzen um implied powers ergänzt. Diese sind zur Ausübung der ausdrücklichen Kompetenzen notwendig. Das zweite Element besteht in einer Ziel-Mittel-Relation, wonach die Organisation der implied powers zur Ausübung der ausdrücklichen Kompetenzen

---

[50] *Ignaz Seidl-Hohenveldern/Gerhard Loibl*, Das Recht der Internationalen Organisationen einschließlich der Supranationalen Gemeinschaften[6] (1996) Rn 1601 b.

[51] *Seidl-Hohenveldern/Loibl*, Recht der Internationalen Organisationen, Rn 1603.

[52] *Sigmar Stadlmeier*, Die „Implied Powers" der Europäischen Gemeinschaften, ZÖR 1997, (353) 354. Vgl *Heribert Franz Köck*, Die „implied powers" der Europäischen Gemeinschaften als Anwendungsfall der „implied powers" internationaler Organisationen überhaupt, in *Böckstiegel/Folz/Mössner/Zemanek (Hrsg)*, Völkerrecht, Recht der internationalen Organisationen, Weltwirtschaftsrecht. Festschrift für Ignaz Seidl-Hohenveldern, (Köln 1988) 279 (290 ff); *Heribert Franz Köck/Peter Fischer*, Das Recht der internationalen Organisationen[3] (1997) 557 f.

[53] *Stadlmeier*, ZÖR 1997, (353) 354 f.

in Erfüllung ihrer Ziele und Aufgaben bedarf. Es wird daher auf bestehende Kompetenzen abgestellt, die im Lichte der Ziele und Zwecke der Organisation um jene Kompetenzen erweitert werden, die zur Aufgabenerfüllung der Organisation notwendig sind.

Stadlmeier[54] sieht nun im Gutachten des IGH eine Abänderung dieser 'klassischen' Situation der Schlußfolgerung von ausdrücklichen auf notwendige weitere Kompetenzen. Der IGH hat demnach nicht direkt von den ausdrücklichen Kompetenzbestimmungen unter Zugrundelegung der Ziele und Zwecke der Satzung weitere implizite Kompetenzen angenommen, sondern in einem Zwischenschritt wurde zunächst die internationale Rechtspersönlichkeit festgestellt und erst von dieser auf weitere Kompetenzen geschlossen. *Stadlmeier* führt dazu überzeugend aus:

> „Die implizite Kompetenz ist hier nicht mehr dazu da, der ausdrücklichen Kompetenz Effektivität im Hinblick auf die Erreichung der Organisationsziele zu verleihen, sondern dazu, der (als Rechtsperson erkannten) Organisation das Erreichen ihrer Ziele überhaupt (und nicht durch ihre ausdrücklichen Kompetenzen!) zu ermöglichen."[55]

Die implied powers werden hier nicht unmittelbar auf die ausdrücklichen Kompetenzen gestützt, sondern primär auf die Ziele, Zwecke und Aufgaben der Organisation. So unterscheidet *Stadlmeier* zwischen einer Theorie von untergeordneten implied powers, die auf ausdrücklichen Kompetenzen im Lichte der Ziele und Zwecke einer Organisation basieren, und nebengeordneten implied powers, die auf die genannten Ziele und Zwecke gestützt sind.

Hackworth hingegen vertrittt die 'klassische' Theorie der implied powers, also die primäre Anlehnung an die ausdrücklichen Kompetenzbestimmungen.[56] *Stadlmeier* weist in diesem Zusammenhang darauf hin, dass *Hackworth* aber in seiner Formulierung die Ziele der Organisation als Maßstab für die Notwendigkeit außer Betracht läßt.

---

[54] Ibid, 357 f.
[55] Ibid, 358.
[56] „Des pouvoirs présumés découlent de l'octroi de pouvoirs exprès; n'existent que ceux qui sont 'nécessaires' à l'exercice des pouvoirs expressément conférés", „Implizite Kompetenzen ergeben sich aus der Verleihung von ausdrücklichen; sie sind beschränkt auf diejenigen, die zur Ausübung der ausdrücklichen Rechte notwendig sind", CIJ Recueil 1949, 198.

Im Rahmen der Auslegung der Satzung ergibt sich somit die Völkerrechtspersönlichkeit der Organisation aus den spezifischen Bestimmungen der Satzung, die völkerrechtliche Rechte und Pflichten beinhalten, und daraus abgeleiteten Rechten. Von diesen hebt der IGH als Hinweis für die Rechtspersönlichkeit folgende Bestimmungen hervor: die einzelnen Verpflichtungen der Mitglieder gegenüber der Organisation, die Rechtsfähigkeit und die Privilegien und Immunitäten (Art 104, 105 UNO-Satzung) und die diversen Vertragsschlußkompetenzen.

Auch *Weissberg*[57] analysiert die UNO-Satzung und ihre Bestimmungen. Zunächst bezieht sich der Gründungsvertrag kontinuierlich auf die Organisation als solche.[58] So beginnen etwa die Artikeln 2 (6), 59 oder 60 UNO-Satzung mit den Worten "Die Organisation...". Wenn hingegen Rechte und Pflichten der Mitglieder gemeint sind, wird dies ausdrücklich erwähnt. So zum Beispiel Artikel 2 (2) oder Art 25 UNO-Satzung. Diese bewusste Differenzierung bringt eben die Absicht der Gründer hervor, die der Oganisation eine eigene, von der ihrer Mitglieder verschiedene Rechtspersönlichkeit zuerkennen wollten. Dann werden die Vertragsschlußkompetenzen hervorgehoben, von denen wohl die wichtigsten Artikel 43, 63 und 105 (3) UNO-Satzung darstellen. In Durchführung dieser Kompetenz des Artikels 105 (3) UNO-Satzung ist die Konvention über die Privilegien und Immunitäten der Vereinten Nationen ergangen. Diese gibt der Organisation als solcher und ihren Vertretern umfangreiche Privilegien und Immunitäten. Die Ausübung dieser Privilegien und Immunitäten weist auf den Besitz von internationaler Rechtspersönlichkeit seitens der Organisation hin und ist Beweis eben dieser.[59] Schließlich verdeutlicht auch die Existenz des Internationalen Gerichtshofes die Völkerrechtspersönlichkeit. Der IGH ist Hauptrechtsprechungsorgan der Vereinten Nationen, sein Statut sogar integrierender Bestandteil der Satzung. Das Verfahren nach Art 96 der Satzung, welches die Generalversammlung oder den Sicherheitsrat ermächtigt, Gutachten vom IGH einzuholen, oder Art 66 IG-Statut, wonach Repräsentanten von internationalen Organisationen schriftliche oder mündliche Ausführungen vor dem IGH geben können, sind ebenfalls Anzeichen dafür, dass der Organisation internationale Rechtspersönlichkeit zukommt. Auch um ihre Hauptaufgaben, nämlich den internationalen Frieden und die Sicherheit, zu gewährleisten, muß die UNO als solche Durchführungsmaßnahmen setzen. So gilt als weiteres Anzeichen

---

[57] *Günter Weissberg*, The International Status of the UN (1961) 13 ff.

[58] Vgl dazu die schriftliche Stellungnahme der Regierung des Vereinigten Königreiches vor dem IGH, CIJ Recueil 1949, Mémoires, 30 ff, welche ebenfalls die einzelnen Bestimmungen der Satzung anführt, auf die sich die Völkerrechtspersönlichkeit gründet.

[59] Vgl dazu die Stellungnahme von *Fitzmaurice*, CIJ Recueil 1949, Plaidoiries, 119.

für die Rechtspersönlichkeit zum Beispiel die Existenz der 'UNEF - United Nations Emercency Force', welche als peacekeeping operation zur Wiederherstellung bzw Aufrechterhaltung des Friedens gegründet wurde. Und auch die Handlungen der UNO etwa im Korea-Konflikt oder der große Handlungsspielraum und Einfluß des Generalsekretärs im Suez-Fall, kennzeichnen nach Auffassung *Weissberg's* die Weite der Rechtspersönlichkeit.

b) Umfang der Rechte und Pflichten

Die herrschende Lehre wendet nun die Grundsätze von effet utile und den implied powers vor allem zur Feststellung des Ausmaßes dieser Rechtssubjektivität an. Die Organisation genießt nach diesen Grundsätzen alle Rechte, die sie zur Erfüllung ihrer Aufgaben und Funktionen benötigt.[60] Ein sogenannter "functional test"[61] bildet also das Kriterium für das Ausmaß der Rechtspersönlichkeit.

Zemanek führt aufgrund der Lehre von den Implied Powers aus, dass die Internationale Organisation nicht nur alle jene Funktionen hat, die ausdrücklich im Vertrag angeführt sind; sie kann auch jene Handlungen vornehmen, die sich in Durchführung der ausdrücklich aufgezählten Funktionen zur Erreichung des Zweckes der Organisation als notwendig erweisen (sog necessarily implied powers).[62]

Im Gegensatz dazu vertritt *Kelsen* eine strenge und restriktive Ansicht, wenn er der Organisation nur diejenigen Rechte und Pflichten zugesteht, die im Gründungsvertrag ausdrücklich angeführt sind.[63] Dies jedoch nur unter der Voraussetzung, dass die Satzung keine ausdrückliche Bestimmung über die Völkerrechtspersönlichkeit enthält. Eine solche würde nämlich, so die Ansicht

---

[60] *Seidl-Hohenveldern/Loibl*, Recht der Internationalen Organisationen., Rn 0313.

[61] „The functional test then is the criterion which determines the degree of international legal personality which is possessed by the organization in question", „Der 'functional test' ist das Kriterium, welches das Ausmaß der internationalen Rechtspersönlichkeit der Organisation bestimmt", *Weissberg*, The International Status of the UN (1961) 22.

[62] *Zemanek*, Vertragsrecht der Internationalen Organisationen, 22 und ebenso der IGH in seinem Gutachten, CIJ Recueil 1949, 182.

[63] „(...) the community has only those special capacities as conferred upon it by particular provisions", „die Gemeinschaft hat nur diejenigen speziellen Fähigkeiten, die ihr durch besondere Bestimmungen übertragen sind", *Hans Kelsen*, The Law of the United Nations (1950) 330.

Kelsens, "unrestricted legal capacity under international law"[64] beinhalten. Kelsens Ansicht beruht demnach auf dem Grundgedanken, dass eine ausdrückliche Bestimmung der Rechtspersönlichkeit in der Satzung zur Folge hätte, dass die Organisation allumfassende Rechte hätte, also jeden Vertrag schließen könnte. Auch Verträge, die nicht von den Funktionen der Organisation gedeckt sind. Nun enthält aber die Satzung eben keine solche generelle Bestimmung, sodass *Kelsen* zur Aussage gelangt:

> „Consequently the United Nations has legally only the power to enter into those international agreements which it is authorized by special provisions of the Charter to conclude."[65]

Dem widerspricht *Zemanek*. Auch bei einer ausdrücklichen Regelung in der Satzung bedeute das nicht, dass die Organisation mehr Rechte hat, als in den Bestimmungen der Satzung enthalten sind. Die Rechte bleiben vom im Gründungsvertrag festgelegten Zweck bestimmt.[66]

Gegen die Meinung *Kelsens* bringt auch *Weissberg*[67] einen interessanten Aspekt vor. Eine Theorie, nach der die ausdrückliche Zuerkennung der Rechtspersönlichkeit allumfassende Rechte zur Folge hätte, könnte auch dazu führen, dass aus einer derartigen Organisation ein Superstaat entsteht. Vielmehr müsste sich auch in diesem Falle das Ausmaß der Rechte aus den Bestimmungen und Funktionen der Satzung ergeben.

---

[64] Ibid, 330.

[65] „Folglich hat die UNO nur die Fähigkeit, jene internationalen Verträge zu schließen, zu denen sie durch spezielle Bestimmungen der Charta ermächtigt ist", *Kelsen*, The Law of the United Nations, 330.

[66] Vgl *Zemanek*, Vertragsrecht der Internationalen Organisationen, 23.

[67] Vgl *Weissberg*, The International Status of the UN, 23: „But such a provision does not in and of itself determine the kind or extent of that personality", „Eine derartige Bestimmung legt nicht per se die Art oder das Ausmaß der Rechtspersönlichkeit fest."

3. Natur und Ausmaß der Völkerrechtspersönlichkeit

a) Originäre und derivative Rechtspersönlichkeit

Die Natur der Völkerrechtspersönlichkeit ist abhängig von ihrem Entstehungsgrund. Nach herrschender Lehre wird daher zwischen ursprünglichen (originären) und abgeleiteten (derivativen) Völkerrechtssubjekten unterschieden. Unter den originären Völkerrechtssubjekten versteht man souveräne Gemeinschaften, bei denen schon die faktische Existenz für ihre Völkerrechtspersönlichkeit ausreicht.[68] Typisches Beispiel dafür ist der souveräne Staat. Einer Internationalen Organisation kommt nach herrschender Ansicht jedoch eine abgeleitete Rechtspersönlichkeit zu. Wie bereits ausgeführt, leitet eine solche Organisation ihre völkerrechtlichen Rechte und Pflichten nicht unmittelbar aus dem allgemeinen Völkerrecht ab, sondern aus dem Willen der Gründerstaaten, der in der Satzung niedergelegt ist. Für die Beurteilung der Rechtspersönlichkeit ist demnach der Wille der Gründerstaaten, die selbst Völkerrechtssubjekte sind, maßgebend.[69] Die Frage nach der Natur und dem Ausmaß der Rechtspersönlichkeit der Internationalen Organisation ist nicht unstreitig. Wesentliche Bedeutung und praktische Auswirkung hat die Unterscheidung zwischen originärer und derivativer Rechtspersönlichkeit für das Ausmaß und den Umfang der Rechte und Pflichten der Internationalen Organisation. Wird die Rechtspersönlichkeit der Organisation aus der Satzung abgeleitet, so besteht diese ′nur′ soweit, als es für die Erreichung und Durchführung der Ziele und Aufgaben der Organisation erforderlich ist. Man spricht in diesem Zusammenhang auch von ′funktionell begrenzter Rechtspersönlichkeit′.[70] Somit besitzt eine Internationale Organisation nicht allumfassende völkerrechtliche Rechte und Pflichten wie die Staaten, sondern Ausmaß und Umfang ihrer Rechte und Pflichten sind funktionell beschränkt und somit geringer. Diese Begrenzung der Rechts- und Handlungsfähigkeit der Organisation durch die Satzung und den daraus abgeleiteten Zweck, wird auch Prinzip der Spezialität (principe de spécialité) genannt.[71]

---

[68] *Fischer/Köck*, Allgemeines Völkerrecht^5 (2000) Rn 281.

[69] Vgl *Seidl-Hohenveldern/Loibl*, Recht der Internationalen Organisationen, Rn 0310.

[70] Ibid, 0307.

[71] Vgl *Zemanek*, Vertragsrecht der Internationalen Organisationen, 23 und 29; siehe auch *Dupuy*, Droit international public, 166: „Contrairement à celle de l′Etat, la personnalité de l′institution est bornée par le principe de spécialité. (...) Sa personnalité internationale présente ainsi un charactère fonctionnel", „Im Gegensatz zu der des Staates, ist die Rechtspersönlichkeit der Organisation durch das Prinzip der Spezialität begrenzt. Ihre Rechtspersönlichkeit ist somit von funktionellem Charakter."

b) Zur Ansicht Seyersteds

(1) Keine Beschränkung der Handlungsfähigkeit auf spezielle Bestimmungen

Seyersted vertritt dagegen die Ansicht, dass einer Internationalen Organisation originäre Rechtspersönlichkeit zukommt.[72] Er lehnt eine Theorie der 'delegated powers' ab, nach der Kompetenzen einer Organisation nur soweit zustehen, als es eine Ermächtigung in der Satzung gibt.

In seiner Studie will er zeigen, dass die Kompetenzen einer Organisation nicht auf solche Rechte und Pflichten beschränkt sind, die in der Satzung dargelegt sind. Als wesentlichstes Beispiel wird die Vertragsschlußkompetenz der UNO hervorgehoben. Die Satzung der UNO enthält einige spezifische Vertragsschlussermächtigungen (dazu gehören zB die Sonderabkommen über Streitkräfte nach Art 43; Abkommen über die Beziehungen zu den Spezialorganisationen gemäß Art 57 und 63; Treuhandschaftsabkommen gemäß Art 77 ff und Abkommen über Privilegien und Immunitäten mit den Mitgliedern nach Art 105 (3)). Bemerkenswert ist allerdings, dass keine dieser Bestimmungen ausdrücklich präzisiert, dass die UNO als solche Partei dieser Abkommen ist. Nichtsdestotrotz sind diese Abkommen aber Verträge zwischen der Organisation und den Mitgliedstaaten.

Abgesehen von diesen Einzelermächtigungen hat die UNO aber darüberhinaus auch andere Verträge abgeschlossen, die keine ausdrückliche Deckung in der Satzung fanden. Dazu zählen vor allem Abkommen der Organisation oder ihrer eigenständiger Organe, die für technische Hilfeleistung mit Mitglied- oder Nichtmitgliedstaaten geschlossen wurden, so zum Beispiel die Abkommen im Bereich des Children's Fund (UNICEF), welche das Kapitel IX der Satzung durchführen. Weiters Abkommen über Privilegien und Immunitäten mit Nichtmitgliedern, Abkommen mit anderen Internationalen Organisationen. Während im Bereich des Art 43 der Satzung bisher keine Abkommen geschlossen wurden[73], sind ähnliche Verträge vom Generalsekretär hinsichtlich UNEF vereinbart worden. Es können diese Verträge oder Abkommen nicht deshalb

---

[72] *Finn Seyersted*, Can the United Nations Establish Military Forces and Perform Other Acts Without Specific Basis in the Charter?, ÖZöR 1962, 201 ff.

[73] Vgl *Christoph Schreuer*, Die Internationalen Organisationen, in *Neuhold/Hummer/Schreuer (Hrsg)*, Österreichisches Handbuch des Völkerrechts³ (1997) Band 1, Rn 887.

ungültig sein, weil es dafür keine spezielle Kompetenzbestimmung in der Satzung gibt.[74] Vorausetzung ist aber, dass keine Bestimmung diese Verträge ausdrücklich verbietet. Käme der Organisation die Fähigkeit, solche Verträge zu schließen, nicht zu, wären viele Maßnahmen als satzungswidrig anzusehen. Dies würde eine erhebliche Rechtsunsicherheit bewirken und möglicherweise interne und/oder externe Ungültigkeit nach sich ziehen.

Mit diesen Argumenten tritt *Seyersted* in erster Linie der Ansicht *Kelsens*[75] entgegen, wonach die Organisation nur jene Fähigkeiten hat, für die es spezielle Bestimmungen in der Satzung gibt. Weiters führt *Seyersted* noch an, dass Internationale Organisationen Gerichtsbarkeit über ihre Organe ausüben, obwohl Satzungen keine generellen Ermächtigungen in dieser Hinsicht enthalten. Außerdem hat die UNO gewisse Regierungsfunktionen in Kriegsgebieten übernommen, obwohl die Satzung dies nur hinsichtlich der Treuhandgebiete vorsieht. Es wurde also auch hier nicht für nötig erachtet, eine spezielle Grundlage in der Satzung zu suchen.

(2) Implied Powers und das Kriterium der 'nécessaire implication'

Seyersted stützt seinen Standpunkt, wonach die Kompetenzen der UNO nicht auf die in der Satzung angeführten beschränkt sind, auch auf das IGH-Gutachten. Auch der IGH hat im Sinne der implied powers der Organisation weitere Rechte zugestanden. Hiefür ist das Kriterium "nécessaire implication" ausschlaggebend, welches der IGH auch definiert. Doch auch die wörtliche Anwendung dieses Kriteriums, hält *Seyersted* für zu restriktiv, weil es die Kompetenzen der Organisation nur um die zur Erfüllung ihrer Aufgaben unbedingt notwendigen ergänzt bzw erweitert. *Seyersted* will der Organsation noch umfassendere Rechte zugestehen. Das Argument der Notwendigkeit für die Erfüllung der Funktionen ist für ihn nicht stichhaltig, weil Maßnahmen, die von Ziel und Zweck der Satzung gedeckt sind, nicht bloß mit der Behauptung angefochten werden können, sie wären nicht notwendig gewesen, um diese Aufgaben zu erfüllen. Selbst vom IGH wurde nach *Seyersted* dieses Kriterium nicht im wörtlichen Sinne als echte

---

[74] „Actually the implied treaty-making power of the United Nations has been employed with more frequency than the express power", „Tatsächlich wurde die implizite Vertragsschlußkompetenz der UNO häufiger angewandt als die explizite", *Weissberg*, The International Status of the UN, 37.

[75] Siehe oben unter Punkt 2. b).

Beschränkung angewandt. Er verweist dabei auf *Hackworth*, der in seiner Sondermeinung zum Gutachten vertreten hat, dass es keinen zwingenden Grund gäbe, warum die Organisation die Fähigkeit haben solle, Ansprüche für das Opfer zu stellen. Der Gerichtshof dagegen hat diese Kompetenz unter die "nécessaire implication" subsumiert, und ihr damit eine Kompetenz zugestanden, die nach *Hackworth* nicht unbedingt notwendig zur Erfüllung der ausdrücklichen Kompetenzen und ihrer Aufgaben ist.

Auch *Bowett* stellt sich hinsichtlich der implied powers die Frage, ob es wirklich entscheidend auf dieses Kriterium der Notwendigkeit ankommen kann.[76] Er weist sodann darauf hin, dass in der Praxis die Organisationen auch solche Handlungen vornehmen, die nicht unbedingt zur Erfüllung der ausdrücklichen Kompetenzen bzw der Funktionen notwendig sind. So erscheint es angebracht, "to restrict implied powers to those which may reasonably be deduced from the purposes and functions of the organisation"[77].

Seyersted geht in seiner Argumentation allerdings noch einen Schritt weiter. Er behauptet, "that intergovernemental organizations are in essentially the same position as states."[78] Aber die Organisation kann in der Realität oft nicht so umfangreiche Rechte wie die Staaten ausüben, da tatsächliche Unterschiede bestehen. Dies ist zum Beispiel bei der territorialen oder persönlichen Gerichtsbarkeit der Fall, weil die Organisation eben kein Territorium im Sinne des Staatsgebietes besitzt. Allein deswegen kann ihr aber nicht die Rechtsfähigkeit abgesprochen werden. Den Unterschied zwischen Staaten und Internationalen Organisationen definiert *Seyersted* wie folgt:

> „(...) it appears that while intergovernemental organizations, unlike states, are restricted by specific provisions in their constitutions as to the aims for which they shall work, such organizations are, like states, in principle free to perform any sovereign acts, or any act under

---

[76] „There yet remains the question whether one can imply only such powers as arise by necessary intendment from the constitutional provisions or whether a more liberal approach is permissible so that powers relating to the purposes and functions specified in the constitution can be implied", „Es bleibt die Frage, ob man nur solche Rechte implizieren kann, die durch ´necessary intendment´ von den Satzungsbestimmungen entstehen, oder ob ein großzügigerer Ansatz erlaubt ist, wonach Rechte abgeleitet werden können, die mit den Zwecken und Funktionen der Satzung zusammenhängen", *Bowett*, The Law of International Institutions, 303.

[77] „(...) implied powers auf diejenigen Rechte zu beschränken, die vernünftigerweise aus Zweck und Funktion der Organisation abgeleitet werden können", ibid, 303; vgl in diesem Zusammenhang *Stadlmeier*, oben Punkt 2. a) bzw ZÖR 1997, 354 (361), der auf die „Aufweichung" der Lehre von den Implied Powers hinweist.

[78] „Internationale Organisationen haben grundsätzlich dieselbe Position wie Staaten", *Seyersted*, ÖZöR 1962, 201 (208).

international law, which they are in a factual position to perform, to attain these aims, provided that their constitutions do not preclude such acts."[79]

(3) Die 'inherent power' der Organisation

Der Internationalen Organisation kommen somit alle Rechte zu, die nicht durch die Satzung ausgeschlossen oder verboten sind. *Seyersted* erachtet diese als der Organisation kraft ihrer Natur 'inherent' und bezeichnet sie deshalb als typische 'inherent power'. So gesehen stellt die Internationale Organisation ein 'general subject of international law' dar, das im Prinzip alle Akte setzen kann, die auch von Staaten gesetzt werden können. Mit allerdings einer kleinen Einschränkung, dass nämlich oft die faktischen Gegebenheiten es nicht zulassen, dass einige dieser Rechte ausgeführt werden können, weil die Organisation zum Beispiel kein Territorium, keine Staatsbürger hat.[80] Um diese Theorie von der 'inherent power' mit der Ansicht des IGH in Einklang zu bringen, schlägt *Seyersted* eine weite Auslegung und Anwendung des Kriteriums 'nécessaire implication' vor. Und noch ein 'Widerspruch' zum IGH-Gutachten scheint vorzuliegen. Ebendort wurde nämlich ausgeführt, dass die Zuerkennung der Rechtspersönlickeit der Organisation nicht bedeutet, dass die Organisation die gleichen Rechte und Pflichten hat wie ein Staat.[81] Bei dieser Aussage hat der IGH, so *Seyersted*, entweder an die Beschränkung durch das 'nécessaire implication' - Kriterium gedacht, oder eben an die faktischen Umstände, die die Ausübung allumfassender Rechte und Pflichten verhindern können.

Dass die Theorie von der 'inherent power' nicht ohne jegliche Beschränkung ist, muss allerdings auch *Seyersted* zugestehen. Zunächst bilden natürlich der Zweck und die Ziele der Organisation Beschränkungen. Außerdem kann die Organisation keine Akte setzen, die von der Satzung ausdrücklich ausgeschlossen oder verboten werden. Weiters muß ein Akt von dem dafür bestimmten Organ gesetzt werden und die Organisation kann ohne ausdrückliche Ermächtigung den

---

[79] „(...) während Internationale Organisationen, anders als Staaten, durch spezielle Bestimmungen in der Satzung hinsichtlich ihrer Ziele beschränkt erscheinen, sind solche Organisationen gleich den Staaten im Prinzip frei, all jene souveränen Maßnahmen im internationalen Recht durchzuführen, zu denen die faktische Möglichkeit besteht, um diese Ziele zu erreichen, vorausgesetzt, dass die Satzung solche Akte nicht verbietet", *Seyersted*, ÖZöR 1962, 201 (210).

[80] Vgl auch *Seidl-Hohenveldern/Loibl*, Recht der Internationalen Organisationen, Rn 0311.

[81] CIJ Recueil 1949, 179.

Mitgliedstaaten keine Pflichten auferlegen oder Rechte übernehmen, die diesen zustehen.

c) Zusammenfassung

Es lässt sich demnach zusammenfassen: Einerseits vertritt *Kelsen* eine extrem strenge und restriktive Ansicht der funktionellen Beschränkung der Rechtspersönlichkeit, indem er einer Organisation nur diejenigen Rechte und Pflichten zugesteht, die in der Satzung ausdrücklich angeführt sind. Auf der anderen Seite steht *Seyersted* mit seiner 'inherent power'-Theorie, die der Organisation viel umfassendere Rechte zugesteht, sie sogar beinahe den Staaten gleichstellt. Zwischen diesen beiden gegensätzlichen Positionen nehmen die herrschende Lehre und wohl auch der IGH in seinem Gutachten eine Mittelposition ein, indem sie unter Anwendung der Lehre von den Implied Powers der Organisation neben den ausdrücklich angeführten Rechten noch diejenigen zugestehen, die unbedingt nötig sind, um diese ausdrücklichen Rechte bzw die Aufgaben und Ziele zu erfüllen. Hinsichtlich der letzten beiden Aspekte hat sich das Schwergewicht im Laufe der Zeit von den ausdrücklichen Kompetenzen zu den Organisationszielen hin verschoben.[82]

Weissberg[83] will aus dem IGH-Gutachten hinsichtlich des Ausmaßes der Rechte und Pflichten der Organisation eine Einteilung der Funktionen der Organisation in zwei Kategorien erkennen. In die erste Gruppe fallen diejenigen Funktionen, die in der Satzung angeführt und somit der Organisation ausdrücklich übertragen sind. Die zweite Gruppe besteht aus abgeleiteten Rechten. Diese sind nicht nur von implizitem Charakter, sondern gehen im Ausmaß darüber hinaus. Sie resultieren aus der ersten Gruppe und dem Besitz der Rechtspersönlichkeit. Somit erhöht die internationale Rechtpersönlichkeit insofern die Rechte und Kompetenzen der Organisation als diese auch Aufgaben übernehmen kann, die ihr zwar durch keine Einzelnorm übertragen wurden, aber zur Erreichung ihrer Ziele, Zwecke und Funktionen notwendig sind.[84]

---

[82] Vgl *Stadlmeier*, ZÖR 1997, 353 (361).
[83] *Weissberg*, The International Status of the UN (1961) 24.
[84] Vgl dazu auch *Stadlmeier*, ZÖR 1997, 354 (357 ff).

4. Objektive Völkerrechtspersönlichkeit – Anerkennung

Spricht man von objektiver Völkerrechtspersönlichkeit einer Internationalen Organisation, so ist darunter eine Völkerrechtspersönlichkeit zu verstehen, die in ihrer Wirkung nicht auf die Mitgliedstaaten beschränkt ist, sondern auch gegenüber Drittstaaten besteht. Es kommt also auf eine Anerkennung der Völkerrechtspersönlichkeit durch diese Drittstaaten nicht entscheidend an, diese hat daher nur deklaratorische Wirkung. Vielmehr hat die Organisation schon durch ihre Existenz Rechtspersönlichkeit.

Die Problematik der Anerkennung der Rechtspersönlichkeit ist zunächst bei den Staaten als ursprünglichen Völkerrechtssubjekten von Bedeutung. Nach der herrschenden Lehre kommt der Anerkennung der Rechtspersönlichkeit hier bloß deklaratorische Wirkung zu. Das heißt, dass ein Neustaat ab dem Zeitpunkt Völkerrechtssubjekt ist, in dem die drei Elemente Staatsvolk, Staatsgebiet und Staatsregierung gegeben sind, unabhängig von einer Anerkennung oder Nichtanerkennung. Vertritt man dagegen die Ansicht, dass der Anerkennung konstitutive Kraft zukommt, so erlangt der Staat eben erst durch die Anerkennung Rechtspersönlichkeit. Aber nur in Beziehung zum anerkennenden Staat.[85]

a) Konstitutive Wirkung der Anerkennung

Im Gegensatz zu den Staaten entsteht die Internationale Organisation durch den Gründungsvertrag, die Satzung. Eben dieser Umstand ist der Ausgangspunkt für die Ansicht von *Seidl-Hohenveldern*[86], nach der der Anerkennung der Rechtspersönlichkeit der Organisation konstitutive Kraft zukommt. Im Sinne des allgemeinen Völkerrechtes bindet ein völkerrechtlicher Vertrag (Satzung) die Vertragsparteien, nicht aber Drittstaaten. Für diese darf sich die Rechtslage nicht zu Ungunsten verändern. *Seidl-Hohenveldern* sieht für den Drittstaat einen Nachteil vor allem in der völkerrechtlichen Haftung. Denn bisher haftete dem Drittstaat für allfällige Völkerrechtswidrigkeiten der betreffende einzelne Mitgliedstaat. Wenn eine neue Rechtspersönlichkeit der Organisation entsteht, die von derjenigen ihrer Mitgliedstaaten verschieden ist, und diese Anspruch auf

---

[85] Vgl *Seidl-Hohenveldern*, Völkerrecht[9] (1997) Rn 644 und 649.

[86] Vgl *Seidl-Hohenveldern/Loibl*, Recht der Internationalen Organisationen, Rn 0701 ff.

Anerkennung ihrer Rechtspersönlichkeit hätte, müßte der Drittstaat nun gegen diese Organisation im Rahmen der völkerrechtlichen Haftung vorgehen. Dies erweist sich jedoch insofern schwieriger, als Internationale Organisationen im Gegensatz zu Staaten zum Beispiel keinen Zugang zum IGH haben oder keine Staatsbürger haben, die Ziel von Repressalien sein könnten. Somit stehen insoweit weniger Druckmittel gegenüber einer Organisation als gegenüber einem Staat zur Verfügung. Ferner käme es zu einer Beeinträchtigung der Rechte des Nichtmitgliedstaates, wenn Staaten versuchen könnten, völkerrechtlichen Verpflichtungen dadurch zu entgehen, dass sie die Kompetenz zur Vornahme einer Handlung einer Internationalen Organisation übertragen. Aus diesen Gründen muss es dem Drittstaat freistehen, diese besondere Rechtspersönlichkeit anzuerkennen oder nicht. Denn der allgemeine Rechtsgrundsatz, dass einem Gläubiger nicht zuzumuten ist, dass er sich ohne seine Zustimmung mit einem Schuldnerwechsel einverstanden erklären muss, der ihm einen schlechteren als den bisherigen Schuldner zuweist, dürfte wohl auch im Völkerrecht gelten.[87] Der Nichtmitgliedstaat kann sich daher mit seinen Ansprüchen an den oder die Mitgliedstaaten halten, die er für die von der Organisation vorgenommene Handlung für verantwortlich hält. Ein solcher Durchgriff auf die einzelnen Staaten ist allerdings nicht mehr zulässig, wenn der Nichtmitgliedstaat die Völkerrechtspersönlichkeit der Organisation anerkannt hat.[88] In der Praxis werden Internationale Organisationen häufig von Drittstaaten anerkannt. Dies kann durch konkludente Handlungen[89] geschehen, wie zum Beispiel der Aufnahme diplomatischer Beziehungen zu einer solchen Organisation oder dem Abschluss eines völkerrechtlichen Vertrages. Diese Anerkennung bedeutet dann die Respektierung der Völkerrechtspersönlichkeit.[90]

Die Ansicht des IGH im Gutachten, dass der UNO objektive Völkerrechtspersönlichkeit zukommt, will *Seidl-Hohenveldern* als "zu Gewohnheitsrecht gewordene Ausnahme"[91] sehen, da die Vereinten Nationen einen Sonderfall darstellen. Der IGH hat dies im Hinblick auf die nahezu weltweite Mitgliedschaft und die weitgespannten Ziele der UNO (zB Aufrechterhaltung des Weltfriedens) entschieden und es ergibt sich daraus keine generelle Lösung.

---

[87] *Seidl-Hohenveldern*, Die völkerrechtliche Haftung für Handlungen internationaler Organisationen im Verhältnis zu Nichtmitgliedstaaten, ÖZöR 1961, Band XI, 502.

[88] Ibid, 505.

[89] Eine solche Anerkennung, als einseitiges Rechtsgeschäft, ist an keine bestimmte Form gebunden. Siehe dazu *Alfred Verdross/Bruno Simma*, Universelles Völkerrecht³ (1984) 427.

[90] Vgl *Seidl-Hohenveldern/Loibl*, Recht der Internationalen Organisationen, Rn 0710 ff.

[91] Ibid, Rn 0702.

Dieser Ansicht kann meines Erachtens nicht ganz gefolgt werden. Zwar hat der IGH ausdrücklich von der beinahe weltweiten Mitgliedschaft gesprochen, es darf aber nicht übersehen werden, dass sich im Bernadotte-Fall Ansprüche gegen Israel richten, ein Land, das zu jener Zeit ein Nichtmitglied der UNO war. So lässt sich vermuten, dass der Gerichtshof eben genau deshalb von der objektiven Rechtspersönlichkeit gesprochen hat (diese zuerkannt hat), um dies gegenüber einem Nichtmitglied klarzumachen.

Ebenfalls für diese Theorie der konstitutiven Anerkennung ist *Dupuy*[92], wenn er die Anerkennung der Völkerrechtspersönlichkeit der Organisation dem freien Ermessen ("pouvoir discrétionnaire, subjectivisme") des Drittstaates überlässt. Er erkennt allerdings und weist ausdrücklich darauf hin, dass der IGH in seinem Gutachten hinsichtlich der UNO die Gegenposition vertritt.

b) Deklaratorische Wirkung der Anerkennung

Im Gegensatz zu diesen Meinungen steht zunächst die Position von *Zemanek*, der darauf hinweist, dass die Völkerrechtssubjektivität eben in ihrer Wirkung nicht auf die Mitgliedstaaten oder jene Nichtmitgliedstaaten, die die Völkerrechtspersönlichkeit der Organisation ausdrücklich anerkannt haben, beschränkt ist.[93] In Übereinstimmung mit dem IGH-Gutachten entsteht die Völkerrechtspersönlichkeit einer Internationalen Organisation durch den Gründungsvertrag. Nun gesteht *Zemanek* zwar zu, dass Verträge auf Staaten, die nicht Vertragsparteien sind, keine Wirkung haben. Aber es entsteht durch diesen Gründungsvertrag eben eine objektiv existente Einheit[94], die völkerrechtliche Rechte und Pflichten besitzt. Auch die Völkerrechtssubjektivität ist demnach objektiv gegeben. Durch eine etwaige Anerkennung der Völkerrechtspersönlichkeit durch einen Nichtmitgliedstaat wird aber diese Organisation nicht neu geschaffen, auch ihre Völkerrechtspersönlichkeit entsteht nicht neu, da die

---

[92] *Dupuy*, Droit international public[4] (1998) 165: „L'organisation internationale étant fondée sur un traité, lui-même doté d'effet relatif („Res inter alios acta") son existence autonome n'est pas opposable aux États tiers à ce traité", „Die Internationale Organisation ist auf einem Vertrag gegründet, der eine relative Wirkung hat; ihre eigenständige Existenz kann Drittstaaten dieses Vertrages nicht entgegengehalten werden."

[93] *Zemanek*, Vertragsrecht der Internationalen Organisationen, 26 f.

[94] *Krylov*, CIJ Recueil, 1949, 218, schreibt, dass „auch die Nichtmitgliedstaaten nicht umhin können werden, die Existenz der Organisation der Vereinten Nationen als eine objektive Tatsache anzuerkennen."

rechtliche Existenz schon vorher bestand. Aus einer solchen Anerkennung kann bloß geschlossen werden, dass das Völkerrecht auf die Beziehungen des anerkennenden Staates mit der betreffenden Organisation anzuwenden ist. Somit kommt der Anerkennung ′nur′ deklaratorische Wirkung zu. Mangelt es an einer Anerkennung, so ist die Stellung der Organisation vergleichbar mit der eines nichtanerkannten Staates. Auch dieser ist im Sinne der herrschenden Lehre unabhängig von einer Anerkennung objektiv existent.

Besonderes Augenmerk verdient weiters der Hinweis *Zemaneks* auf das vom Gerichtshof verwendete Kriterium der "très large majorité", also der großen Mitgliederzahl der UNO. Der IGH benützte als Argument für die Annahme der objektiven Völkerrechtspersönlichkeit den Gesichtspunkt, dass die Organisation von der überwiegenden Mehrheit der Staaten der Völkerrechtsgemeinschaft geschaffen wurde. Zurecht zieht *Zemanek* stark in Zweifel, ob hiezu wirklich die überwiegende Mehrheit der Staaten notwendig ist. Für die Völkerrechtspersönlichkeit, also die Fähigkeit subjektive völkerrechtliche Rechte und Pflichten zugerechnet zu bekommen, besteht kein Unterschied, ob die Organisation von 20 oder 50 Staaten geschaffen wurde. Dieses Kriterium von der "très large majorité" ist juristisch nicht erfaßbar und daher nicht von Bedeutung. Auf die Anzahl der Mitglieder der UNO kann es also nicht entscheidend ankommen.

Den objektiven Charakter der Rechtspersönlichkeit der UNO streicht auch *Lauterpacht*[95] sehr deutlich heraus. Er gesteht dem Gutachten des IGH in dieser Hinsicht sogar "legislativen Charakter" zu. In einer modernen internationalen Gesellschaft kann man ein Prinzip, wonach die Rechte und Pflichten eines Staates nur von dessen eigenen Willen bestimmt werden, nicht strikt anwenden. Vielmehr steht den Mitgliedern der UNO eben das Recht zu, Regeln von generellem Charakter festzusetzen, die die internationale Gemeinschaft im Allgemeinen binden.

Hat *Zemanek* schon im Jahre 1957 die Theorie von der deklaratorischen Wirkung der Anerkennung vertreten, so sind die ′modernen′ Vertreter dieser Theorie *Köck/Fischer*. Nach diesen beiden Autoren wurde die ′alte′ Anerkennungstheorie (vor allem die sowjetische Völkerrechtsauffassung[96]) vom IGH mit dem

---

[95] *Lauterpacht*, Development of International Law, 180 f. „The Opinion in thus asserting the binding character of the Charter of the United Nations in relation to non-member States, is of a legislative character."

[96] Dass diese sowjetische Völkerrechtsauffassung nicht nur die Staaten als einzige Völkerrechtssubjekte ansieht, sondern auch den Internationalen Organisationen einen gewisse internationale Rechtsfähigkeit zuerkennt, zeigt *Seidl-Hohenveldern*, ÖZöR 1961, 499.

Bernadotte-Gutachten eindeutig zurückgewiesen und somit festgelegt, dass eine Internationale Organisation schon durch ihre Existenz eine objektive Völkerrechtssubjektivität besitzt, die auch gegenüber Nichtmitgliedern besteht.[97]

Dazu führen *Köck/Fischer* weiter aus, dass Internationale Organisationen als partielle Staatenverbindungen eine internationale Realität darstellen. Es stellt sich daher die Frage, ob Staaten verpflichtet werden können, internationale Realitäten zur Kenntnis zu nehmen. Insofern wenden sich die genannten Autoren gegen eine ungleiche Wirkung der Anerkennung einerseits bei Staaten und andererseits bei Internationalen Organisationen und wollen die Regeln über die Entstehung der Völkerrechtssubjektivität eines Staates hier analog anwenden. Neben der internationalen Realität stellt sich die grundsätzliche Frage, ob ein Staat eine Internationale Organisation in dem Sinne 'anerkennen' müsste, dass er mit ihr in Beziehung tritt. Anerkennung könnte daher auch als 'in Beziehung mit der Organisation treten' oder 'Beziehungen aufnehmen' verstanden werden. Die herrschende Auffassung verneint eine solche Pflicht sowohl zwischen Staaten als auch zwischen Staaten und Organisationen. Besteht aber ein Anknüpfungspunkt zwischen Staat und Organisation dadurch, dass ein Staat einer Organisation Schaden zugefügt hat, so kann es nicht mehr in seinem Belieben stehen, sich mit der Organisation einzulassen oder nicht. In diesem Zusammenhang kommt nach *Köck/Fischer* auch dem Begriff des internationalen Gemeinwohles[98], der ein wesentlicher Grundsatz des modernen Völkerrechtes ist, eine besondere Bedeutung zu. Das internationale Gemeinwohl umfasst auch die Pflicht aller Staaten zur notwendigen Zusammenarbeit. Wenn eine solche Pflicht zwischen den Staaten besteht, dann muss dies auch für die Zusammenarbeit mit Internationalen Organisationen gelten. Bei dieser Betrachtung wären auch Nichtmitglieder zur 'Anerkennung' von Internationalen Organisationen im Sinne der Aufnahme von Beziehungen zum Zwecke der Zusammenarbeit verpflichtet.[99]

Zur Begründung der objektiven Völkerrechtspersönlichkeit sind die Gedanken der internationalen Realität und des internationalen Gemeinwohles wichtige Aspekte, die wegweisend sind und eine sachgerechte Lösung erwarten lassen.

---

[97] Vgl *Köck/Fischer*, Recht der internationalen Organisationen³ (1997) 566 ff.

[98] Vgl dazu *Alfred Verdross*, Der klassische Begriff des 'bonum comune' und seine Entfaltung zum 'bonum comune humanitatis', ÖZöRV 28/1977, 143 ff.

[99] *Köck/Fischer*, Recht der internationalen Organisationen, 568.

E. Résumé

Die Bedeutung der wesentlichen Aussagen des IGH-Gutachtens und seiner Auswirkungen in der Lehre lassen sich mit einem Satz aus der Encyclopedia of Public International Law charakterisieren:

> "This advisory opinion is generally viewed as an important contribution to the doctrine of the international personality of international organizations and of their competences, even if there might be doubt whether the reasoning of the Court is transferable from the United Nations to the circumstances of other international organizations."[100]

Das Gutachten ist zweifelsohne richtungsweisend für die Frage nach der Rechtspersönlichkeit Internationaler Organisationen. Seine Aussagen und Feststellungen wurden im Wesentlichen von der Lehre übernommen und, wie die obigen Ausführungen zeigen, seither weiter differenziert bzw nuanciert. Die Vielfalt und das Gewicht der vorgebrachten Argumente dokumentieren die Komplexität der Problemlösung.

Zum Abschluss sollen nochmals die bedeutenden Aussagen des IGH hervorgehoben werden:

Auch der IGH definiert im Gutachten, dass eine internationale Rechtspersönlichkeit dann vorliegt, wenn eine Organisation Träger von völkerrechtlichen Rechten und Pflichten ist.

Hinsichtlich des Umfanges dieser Rechtspersönlichkeit stützt er sich auf die Ziele und Funktionen der Organisation und gesteht ihr im Sinne der Lehre von den

---

[100] „Dieses Gutachten wird allgemein als ein wichtiger Beitrag zur Lehre der Internationalen Rechtspersönlichkeit von Internationalen Organisationen und ihrer Kompetenzen angesehen, auch wenn bezweifelt werden kann, ob die Begründung des Gerichtes von den Vereinten Nationen auf die Umstände anderer Internationaler Organisationen übertragbar ist", *Eckart Klein*, Reparation for Injuries Suffered in Service of UN (Advisory Opinion), Encyclopedia of Public International Law (EPIL), 2/1981, 242 (244).

Implied Powers neben den ausdrücklich angeführten auch all jene Rechte zu, die unbedingt notwendig sind, um eben Zweck und Funktion zu erfüllen.

Schließlich spricht der IGH von objektiver Völkerrechtspersönlichkeit der Organisation der UNO, die in ihrer Wirkung über die Mitgliedstaaten hinausgeht und somit auch gegenüber Drittstaaten existent ist.

Vor allem in dieser Frage der Objektivität der Rechtspersönlichkeit scheint sich die Lehre bis heute nicht einig zu sein, ob nun der Rechtspersönlichkeit eine erga omnes Wirkung zukommt. Besonders die Begründung des IGH für eine solche Wirkung erscheint wenig überzeugend. Denn auf die 'große Mitgliederzahl' der Vereinten Nationen kann es nicht entscheidend ankommen. Sonst hätten andere Vereinigungen wie etwa die Benelux-Staaten[101] oder auch die Europäische Union aufgrund ihrer Mitgliederzahl nicht das Recht, objektive Rechtspersönlichkeit zu erlangen. Für jede Internationale Organisation wird es, unabhängig von ihrer Größe, fast immer Nichtmitgliedstaaten geben. Eine Organisation, der alle Staaten der Welt angehören, wird wahrscheinlich nicht möglich sein, wenn auch die Zielsetzung der UNO in diese Richtung geht, und auch nicht immer beabsichtigt sein. Daraus ergibt sich aber auch die Notwendigkeit der Zusammenarbeit zwischen Internationalen Organisationen und Staaten, die Nichtmitglieder sind.

Der IGH hat bereits in seinem Gutachten, wie unter Punkt C. 1. ausgeführt, darauf hingewiesen, dass die Entwicklung des internationalen Rechtes und das verstärkte Zusammenarbeiten der Staaten zur Folge haben, dass Körperschaften auf internationaler Ebene handeln, die keine Staaten sind. Betrachtet man die Entwicklung seither, so wird diese Auffassung nicht nur bestätigt, sondern Internationale Organsiationen sind in ihrer Vielzahl zu einer unverzichtbaren internationalen Realität geworden. Es besteht daher heute mehr denn je das Bedürfnis und die Notwendigkeit, die Frage nach der Rechtspersönlichkeit einer Internationalen Organsation nach eindeutigen und praxisgerechten Kriterien zu lösen, um Missverständnisse zu vermeiden. Wie aktuell diese Frage ist, zeigt sich gerade in der Diskussion um die internationale Rechtspersönlichkeit der Europäischen Union.

---

[101] Vgl hiezu *Kasme* (Paris 1960) 33.

II. DIE EUROPÄISCHE UNION ALS VÖLKERRECHTLICHES GEBILDE

A. Grundlagen und Struktur der Europäischen Union

1. Die Konstruktion der Europäischen Union - Rahmen für das Zusammenwirken der Mitgliedstaaten

L'Europe se fera par étapes,
ou elle ne se fera pas.[102]
Robert Schuman

In der Entwicklung des europäischen Integrationsprozesses erlangte der Begriff der Europäischen Union auf den Pariser Gipfelkonferenzen von 1972 und 1974 erstmals besondere Bedeutung, als die Staats- und Regierungschefs der Europäischen Gemeinschaften das Ziel der Schaffung einer Europäischen Union proklamierten. Seit diesem Zeitpunkt stellt die Perspektive einer echten europäischen Union einen wesentlichen Inhalt in den Integrationsbemühungen der Mitgliedstaaten dar. Nachdem das Europäische Parlament 1984 den Abschluss eines Vertrages zur Gründung der Europäschen Union vorgeschlagen (Initiative *Spinelli*[103]) und einen dementsprechenden Entwurf vorgelegt hatte, kam es zu einer ersten vertraglichen Verankerung dieses Begriffes in der Einheitlichen Europäischen Akte (EEA)[104] vom 28. Februar 1986. Nach Art 1 Abs 1 EEA sollten die Gemeinschaften und die 'Europäische Politische Zusammenarbeit', welche seit den siebziger Jahren auf zwischenstaatlicher, aussergemeinschaftlicher Ebene praktiziert wurde, „gemeinsam zu konkreten Fortschritten auf dem Wege zur Europäischen Union beitragen."

[102] „Europa wird in Etappen entstehen, oder es wird gar nicht entstehen."
[103] Vgl *Peter Fischer/Heribert Franz Köck*, Europarecht³ (1997) 103.
[104] Veröffentlicht in BullEG, 2-86, 1 ff.

Die weitere Entwicklung hin zur Europäischen Union war beeinflusst von den damaligen außenpolitischen Herausforderungen, die sich den Gemeinschaften stellten. Die tiefgreifenden Veränderungen der internationalen Beziehungen Ende der achtziger Jahre, vor allem der Zusammenbruch des sowjetischen Reiches, die Vereinigung Deutschlands, die Demokratisierung der ost- und zentraleuropäischen Länder, verlangten eine Orientierung zu einer Wirtschafts- und Währungsunion auf der einen und zu einer politischen Union auf der anderen Seite. Vor diesem Hintergrund ist die gemeinsame Erklärung Kohl-Mitterand vom 19. April 1990 zur Einberufung einer Regierungskonferenz zu sehen, mit dem Ziel,

> "(...) de transformer l'ensemble des relations entre les États membres en une Union européenne et de doter cette Union des moyens d'action nécessaires."[105]

Die Vertragsänderungen, die zur Weiterentwicklung der Europäischen Gemeinschaften in die angestrebte Europäische Union notwendig waren, wurden in zwei Regierungskonferenzen im Dezember 1990 vorbereitet und mündeten schließlich in den am 7. Februar 1992 in der niederländischen Stadt Maastricht unterzeichneten Vertrag über die Europäische Union (EU-V). Mit diesem Vertrag, der am 1. November 1993 in Kraft getreten ist, gründeten die damaligen Mitgliedstaaten der drei Europäischen Gemeinschaften (EWG, EAG und EGKS) die Europäische Union. Damit erhielt das über die Jahre geschaffene Integrationssystem eine neue Qualität; eine neue Stufe bei der Verwirklichung einer immer engeren Union der Völker Europas war erreicht.[106]

Diese neue juristische Konstruktion wirft Fragen nach ihrer rechtlichen Bewertung und dogmatischen Einordnung auf. Es soll daher zunächst die Struktur dieses neuen komplexen Gebildes[107] näher betrachtet werden:

---

[105] „(...) die Gesamtheit aller Beziehungen unter den Mitgliedstaaten in eine Europäische Union umzuwandeln, und diese Union mit den notwendigen Handlungsbefugnissen auszustatten", in *Denys Simon*, Le système juridique communautaire² (1998) 23.

[106] Art A Abs 2 EU-V/Maastricht; „The term Union is applied to the present state of integration (...) The Union is not conceived of in a static manner, but should be 'ever closer'. (...) It is only declared that integration has reached a stage of institutional independence and autonomy which in sum justifies it as being called a Union", *Ulrich Everling*, Reflections on the structure of the European Union, CMLR 1992, 1053 (1059, 1060).

[107] Vgl dazu *Werner Schroeder*, Die Rechtsnatur der Europäischen Union und verwandte Probleme, in *Waldemar Hummer/Michael Schweitzer (Hrsg)*, Österreich und das Recht der Europäischen Union (1996) 3 (4), der von einem 'Nebelschleier' spricht, der sich um die rechtliche Gestalt der Union gelegt hat.

Gemäß Art A Abs 3 Satz 1 EU-V sind Grundlage der Union die Europäischen Gemeinschaften, ergänzt durch die mit diesem Vertrag eingeführten Politiken und Formen der Zusammenarbeit. Die Europäischen Gemeinschaften wiederum basieren rechtlich auf drei völkerrechtlichen Verträgen, nämlich dem

Vertrag über die Gründung der Europäischen Gemeinschaft für Kohle und Stahl (EGKS-V) vom 18. April 1951,

Vertrag zur Gründung der Europäischen Wirtschaftsgemeinschaft (EWG-V) vom 25. März 1957,

Vertrag zur Gründung der Europäischen Atomgemeinschaft (EAG-V) vom 25. März 1957.

Zur Veranschaulichung der Architektur der Union bedienen sich Wissensschaft und Lehre der sog „Drei Säulen-Theorie".[108] Die erste und wichtigste Säule[109] bilden demnach die Europäischen Gemeinschaften. Hinzukommt als eine zweite Säule die in Titel V des EU-V geregelte Gemeinsame Außen- und Sicherheitspolitik und als dritte Säule[110] die in Titel VI geregelte Zusammenarbeit in den Bereichen Justiz und Inneres, nach dem Amsterdamer Vertrag Polizeiliche und Justitielle Zusammenarbeit in Strafsachen. Handelt es sich bei den Gemeinschaften rechtlich um drei mit supranationalen Befugnissen ausgestattete internationale Organisationen, so sind die Ergänzungen der zweiten und dritten Säule Regelungen auf der Ebene 'intergouvernementaler Zusammenarbeit'. Als Bauelemente von unterschiedlicher Qualität[111] stehen daher diese drei ungleichgewichtigen Säulen unter dem gemeinsamen Dach der Europäischen Union, welches Titel I des EU-V beschreibt.[112] Art C Abs 1 EU-V verleiht überdies der Union einen einheitlichen institutionellen Rahmen, der die rechtlich unterschiedlich ausgestalteten Säulen zu verknüpfen versucht. Für das Gesamtgebilde der Union mit den drei Säulen unter dem gemeinsamen Dach sind zwei Konstruktionsprinzipien[113] erkennbar und von wesentlicher Bedeutung:

---

[108] Vgl *Fischer/Köck*, Europarecht³ (1997) 258 f; *Christoph Thun-Hohenstein/Franz Cede*, Europarecht³ (1999) 32 f.

[109] *Simon*, Le système juridique communautaire (1998) 24, spricht von der „pilier central".

[110] Vgl dazu *Peter-Christian Müller-Graff*, The legal basis of the third pillar and its position in the framework of the Union Treaty, CMLR 1994, 493 ff.

[111] Vgl *Rudolf Streinz*, Europarecht⁴ (1999) 43.

[112] Betrachtet man die Schlussbestimmungen des EU-V (Art L-S EU-V) als 'Fundament' der Union, so ergibt sich das populäre Tempelmodell, vgl *Schroeder* in *Hummer/Schweitzer*, Österreich und das Recht der Europäischen Union, 3 (5).

[113] Siehe *Thun-Hohenstein/Cede*, Europarecht³ (1999) 34 f.

Zunächst ist die zentrale Stellung der Europäischen Gemeinschaften als Grundlage der Union im EU-V sowohl ausdrücklich verankert als auch einzelnen Bestimmungen des EU-V zugrunde gelegt[114]. Als zweites Konstruktionsmerkmal der Union lässt sich die Klammerfunktion anführen. Diese besteht in einer Verklammerung der Bestandteile der Union, dh von Gemeinschaftspolitiken nach den Gründungsverträgen von EWG, EAG und EGKS einerseits und intergouvernementalen Politikbereichen, nämlich Außen- und Sicherheitspolitik sowie Justiz- und Innenpolitik, andererseits.[115] Der Unionsvertrag ist somit ein Rahmenvertrag, der die institutionellen Voraussetzungen für die gemeinsame Durchführung dieser Politiken schaffen und deren Abstimmung mit den vergemeinschafteten Materien herbeiführen will.[116]

Für die Union als völkerrechtlichem Gebilde bleibt festzuhalten, dass gemäß Art M EU-V die bestehenden Europäischen Gemeinschaften mit bestimmten Vorbehalten durch den Unionsvertrag grundsätzlich unberührt bleiben. Diese sind selbständige, mit supranationalen Befugnissen ausgestattete internationale Organisationen, denen in ihren jeweiligen völkerrechtlichen Gründungsverträgen ausdrücklich internationale Rechtspersönlichkeit zuerkannt wird. So bestimmen die Art 210 EG-V, Art 6 EGKS-V und Art 184 EAG-V jeweils gleichlautend: „Die Gemeinschaft besitzt Rechtspersönlichkeit". Wurden die Europäischen Gemeinschaften nun um zwei intergouvernementale 'Säulen' zu einer Union erweitert bzw ergänzt, so drängt sich vor dem Hintergrund einer stetigen Verdichtung des europäischen Integrationsprozesses die Frage auf, ob dieses neue eigentümliche[117] Gebilde "Union" als solches die Voraussetzungen eines Völkerrechtssubjektes erfüllen kann.

Vor einem Eingehen auf diese Frage lohnt es sich, zunächst das Verhältnis zwischen der Union und den Gemeinschaften noch näher zu beleuchten und insbesondere den status quo der dazu vertretenen wesentlichen Thesen kurz darzustellen. Denn die Säulenstruktur der Union würde durch die Verleihung von Rechtspersönlichkeit an die Union nicht notwendigerweise aufgehoben. Gerade

---

[114] Etwa Art J 11 oder K 8 EU-V. Vgl dazu auch *Thomas Oppermann*, Zur Eigenart der Europäischen Union, in *Peter Hommelhoff/Paul Kirchhof (Hrsg)*, Der Staatenverbund der Europäischen Union (1994) 87 (90): „(...) man muss sich aber bewusst sein, dass allein der EG-Pfeiler das Gebäude vor dem Absturz in die Bedeutungslosigkeit eines völkerrechtlichen Konstruktes wie viele andere bewahrt".

[115] Vgl *Thun-Hohenstein/Cede*, Europarecht³ (1999) 35 f; ebenso *Matthias Pechstein/Christian Koenig*, Die Europäische Union: Die Verträge von Maastricht und Amsterdam² (1998) 2.

[116] *Streinz*, Europarecht⁴ (1999) 44.

[117] *Oppermann* in *Hommelhoff/Kirchhof*, Der Staatenverbund der Europäischen Union (1994) 87.

darin kommt aber auch die enge Verknüpfung zwischen Säulenmodell und Rechtsnatur zum Ausdruck.[118]

2. Das Verhältnis zwischen der Union und den Europäischen Gemeinschaften

Die Union präsentiert sich zunächst als ein einheitlicher Rahmen, der verschiedene Bereiche der Kooperation als deren Bestandteile zusammenfasst. Am deutlichsten wird dies in Art A Abs 3 EU-V ersichtlich, wonach die Union die Gemeinschaften zur Grundlage hat und ergänzt wird durch die weiteren Formen der Zusammenarbeit. Beide sind somit integrierende Bestandteile der Union, welche durch übergreifende, gemeinsame Bestimmungen verbunden werden. So ist es nunmehr Aufgabe dieser Union, als einheitliches Ganzes, die Beziehungen zwischen den Mitgliedstaaten sowie zwischen ihren Völkern kohärent und solidarisch zu gestalten (Art A Abs 3 EU-V). Zahlreiche weitere Regelungen sprechen für diese Einheitlichkeit. Gemäß Art B hat die Union gemeinsame und übergreifende Ziele. Und sie verfügt über einen einheitlichen institutionellen Rahmen, der die Kohärenz und die Kontinuität aller Maßnahmen zur Erreichung ihrer Ziele sicherstellen soll, insbesondere im Rahmen der Außen- und Sicherheitspolitik (Art C EU-V). Zu diesen Vorgaben sind auch die in Art F EU-V genannten Grundsätze der Union zu nennen. Schließlich sind ebenso die Schlussbestimmungen einheitlich gefasst. Dies gilt sowohl für das Vertragsänderungsverfahren (Art N EU-V), den Beitritt zur Union, als auch für das Inkrafttreten des Vertrages (Art R EU-V). Aus diesen vertragsübergreifenden, einheitlichen Vorgaben wird nun die Einheit der Rechtsordnung der Union gefolgert.[119]

Diese Einheit der Rechtsordnung dient auch wesentlich als Ausgangspunkt zur Begründung der Verschmelzungsthese, die von den Autoren *von Bogdandy/Nettesheim* vertreten wird. Danach wird im Vertrag über die Europäische Union die Verschmelzung der zuvor als getrennt konzipierten EWG,

---

[118] Vgl *Thun-Hohenstein*, Eine Union ohne Eigenschaften?, in *Hummer/Schweitzer*, Österreich und das Recht der Europäischen Union, 23 (24).

[119] *Armin von Bogdandy/Martin Nettesheim*, Die Europäische Union: Ein einheitlicher Verband mit eigener Rechtsordnung, EuR 1/1996, 3 (12 ff). *Christiane Trüe*, Verleihung von Rechtspersönlichkeit an die Europäische Union und Verschmelzung zu einer einzigen Organisation – deklaratorisch oder konstitutiv?, Europa-Insitut der Universität des Saarlandes (1997) Nr 357, 27 ff.

EAG und EGKS zu einer einzigen und einheitlichen Organisation gesehen. Der Vertrag bewirkt die Verschmelzung der Gemeinschaften in bzw mit der Union.[120] Im Einzelnen werden hiefür drei Merkmale als konstitutiv angesehen. Zunächst wird für die rechtliche Einheit die Organstruktur ins Treffen geführt. Die Union soll vor allem aufgrund des vertraglich vorgesehenen einheitlichen institutionellen Rahmens, weiters aufgrund Art D EU-V, der die Leitungsfunktion des Europäischen Rates für alle Teilbereiche der Union festschreibt, einheitliche Organe haben, die ihre Befugnisse aus unterschiedlichen Vertragstexten herleiten. Da die Union identische Organe hat und somit in den Kompetenzbereichen der diversen Verträge ein und dieselben Organe handeln, wird in einem nächsten Schritt auf eine einheitliche Organisation als konkret handelnde Wirkungseinheit geschlossen. Die in den Verträgen begründeten Handlungsmöglichkeiten stellen dann Kompetenzen einer einzigen rechtlich organisierten Wirkungseinheit Union dar. Nach diesen beiden Kriterien der Einheit der Organisation und des Wirkens wird schließlich die bereits erwähnte Einheit der Rechtsordnung von Union und Gemeinschaft als Kernelement dieser These hervorgehoben. Die Gründungsverträge als "Verfassungsverträge"[121] begründen eine einheitliche Rechtsordnung, die auch bereits vor Inkrafttreten des EU-V in Form eines einzigen Rechts der Europäischen Integration ('Gemeinschaftsrecht') niedergelegt war. Das Primär- und Sekundärrecht bildet eine Einheit, die sich vom nationalen Recht wie vom Völkerrecht unterscheidet. Aufgrund der einheitlichen Bestimmungen des EU-Vertrages (zB Art E, N, O) werden alle Tätigkeitsbereiche der Union zu einem Rechtskörper zusammengefasst. Und es wird konzediert, dass dieser These nicht entgegensteht, dass verschiedene Teilbereiche der Rechtsordnung unterschiedlichen Prinzipien folgen oder abweichende Regelungskonzepte bestehen. Denn auf eine inhaltliche Homogenität ihrer verschiedenen Teilbereiche[122] kann es bei der Einheitlichkeit der Rechtsordnung der Union nicht ankommen.

Als Konsequenz dieser Verschmelzungsthese, wonach die Union eben unter dem Gesichtspunkt der Organisation, ihres Wirkens und ihres Rechtes eine Einheit bildet, liegt es nahe, nur die Union zur Trägerin von Rechten und Pflichten zu

---

[120] *v Bogdandy/Nettesheim*, Die Verschmelzung der Europäischen Gemeinschaften in der Europäischen Union, NJW 1995, 2324.

[121] *v Bogdandy/Nettesheim*, NJW 1995, 2324 (2326) zählen dazu neben dem EU-V, EGKS-V, EG-V, EAG-V auch die Fusionsverträge, die EEA und die Beitrittsvertäge; zur Frage nach einer Verfassung der Europäischen Union siehe ausführlich, Michael Dickstein, Der Verfassungsbegriff der Europäischen Union, Schriften der Johannes-Kepler-Universität Linz, 1998.

[122] *Vgl v Bogdandy/Nettesheim*, EuR 1/1996, 3, vor allem mit Blick auf die unterschiedlichen Charakteristika des Rechts des EG-Vertrages und der Bestimmungen über die GASP (Art J EU-V) und die ZBJI (Art K EU-V).

machen.[123] In diesem Sinne wird dann auch davon ausgegangen, dass die Union die Eignung zur Verleihung von Rechtssubjektivität besitzt, also die objektiven Voraussetzungen für eine Rechtspersönlichkeit der Union vorliegen. Das Aufgehen der Gemeinschaften in der Union ist nach dieser These aber nicht als Auflösung, sondern als bloße Änderung oder Ergänzung im rechtlichen Gefüge zu begreifen, da ja die Organe dieselben geblieben sind und sämtliche Rechtsakte weiter Geltung haben.[124]

Argumente gegen eine derartige Verschmelzung der Gemeinschaften mit der Union können aber im Text des EU-Vertrages selbst gefunden werden. So sind nach der Norm des Art A Abs 3 EU-V die Gemeinschaften die Grundlage der Union. Daraus lässt sich schließen, dass ebendiese nicht identisch mit der Union sind.[125] Auch in einigen weiteren Vorschriften werden die Gemeinschaften und die Union ausdrücklich als nicht identisch behandelt und wird von einer rechtlichen Trennung zwischen Union und Gemeinschaften ausgegangen. In Art E EU-V wird zum Beispiel bestimmt, dass die Organe ihre Befugnisse einerseits nach den Gemeinschaftsverträgen und andererseits nach dem Unionsvertrag ausüben. Es wird demnach genau zwischen dem Recht der Gemeinschaft und dem Recht der Union unterschieden. Auch im Rahmen der dritten Säule wird ausdrücklich auf die weiter bestehenden Zuständigkeiten der Gemeinschaft verwiesen (Art K 1 EU-V). Nicht zuletzt spricht Art M EU-V gegen eine Verschmelzung. Diese Bestimmung legt nämlich fest, dass der EU-Vertrag die Gemeinschaftsverträge grundsätzlich unberührt lässt, mit Ausnahme der Änderungsbestimmungen und der Schlussbestimmungen. Die drei Europäischen Gemeinschaften bleiben als eigenständige Rechtspersönlichkeiten bestehen, da dies in ihren Gründungsverträgen nach wie vor so normiert ist (vgl Art 210 EG-V, Art 184 EAG-V und Art 6 EGKS-V). Das Aufgehen der Gemeinschaften in der Europäischen Union würde aber ihre Auflösung als Internationale Organisationen und eigene Völkerrechtssubjekte bedingen. Somit sprechen die wesentlichen vertraglichen Grundlagen der Union bzw der Gemeinschaften gegen eine Verschmelzung[126].

---

[123] *v Bogdandy/Nettesheim*, NJW 1995, 2324 (2327).

[124] *v Bogdandy/Nettesheim*, EuR 1/1996, 3 (26).

[125] *Oliver Dörr*, Noch einmal: Die Europäische Union und die Europäischen Gemeinschaften NJW 1995, 3162 (3163); ebenso *Trüe*, Europa-Institut der Universität des Saarlandes (1997) Nr 357, 23.

[126] *Dörr*, Zur Rechtsnatur der Europäischen Union, EuR 4/1995, 334; *ders*, NJW 1995, 3162. Ähnlich auch *Streinz*, Europarecht^4 (1999) 44, der sich gegen ein Aufgehen der EG in der EU ausspricht, da die Gemeinschaften durch den Unionsvertrag grundsätzlich unberührt bleiben; vgl auch *Oppermann*, Europarecht^2 (1999) § 4 Rn 154 und § 11 Rn 888.

Die überwiegenden Anhaltspunkte sprechen für ein gleichzeitiges Bestehen von Union und Gemeinschaften. Die Union ist quasi als vierter körperschaftlicher Verband zu den drei fortbestehenden Gemeinschaften hinzugetreten.[127] Die rechtliche Trennung von Union und Gemeinschaften bewirkt auch, dass Handlungen der Gemeinschaftsorgane nicht der Union als solcher zuzurechnen sind und Maßnahmen der Union für die Gemeinschaft nur nach Maßgabe ausdrücklicher Vorschriften rechtliche Wirkungen erzeugen können.[128]

Zur Begründung der Verschmelzung wird hauptsächlich auch auf den einheitlichen institutionellen Rahmen der Union hingewiesen. Da unter den diversen Verträgen identische Organe handeln, könne daraus nur der Schluss folgen, dass eine einheitliche Organisation vorliegt.[129] Dieser Schluss von der Einheit der Organe auf die Einheit der Organisation ist allerdings nicht zwingend. Zunächst wird durch den einheitlichen institutionellen Rahmen lediglich eine Übereinstimmung der handelnden Organe, ein abgestimmtes Vorgehen postuliert, da die Organe gemäß den vertraglichen Grundlagen nach unterschiedlichen Verfahren entscheiden. Ausserdem hatten schon die Gemeinschaften gemeinsame Organe, welche für das jeweilige Rechtssubjekt tätig wurden. Und es kam insofern zu keiner Verschmelzung der Organisationen.[130]

Es ist daher zwar von der Einheitlichkeit der Union, der Einheit ihrer Rechtsordnung im Verhältnis von Union und Gemeinschaften auszugehen, die vor allem in den erwähnten verbindenden Bestimmungen und gemeinsamen Zielen (Art B, C, F EU-V) zum Ausdruck kommt. Dies bedeutet jedoch nicht zwingend die Verschmelzung zu einer einzigen Organisation. Von dieser Grundüberlegung geht die Einheitsthese *Trües* aus, die zur Beschreibung des Verhältnisses von Union und Gemeinschaften besonders überzeugend ist und der insoweit daher der Vorzug gebührt. Tragender Grundsatz der Einheitlichkeit sind die erwähnten einheitlichen Vorgaben und das Kohärenzgebot, wodurch die Verbindung zwischen den Säulen der Union geschaffen wird und das auch für die Gemeinschaften gilt.[131] Solche gemeinsamen Regelungen zur Herstellung der Kohärenz, in denen die Verklammerung zum Ausdruck kommt, wären aber bei

---

[127] *Dörr*, EuR 4/1995, 334 (346).

[128] Ibid 346. In diese Richtung auch *Trüe*, Europa-Insitut der Universität des Saarlandes (1997) Nr 357, 36, die anführt, dass die Gemeinschaftskompetenzen nicht zu Unionskompetenzen werden und damit nicht die Rechtsträgerschaft der EU als Trägerin von eigenen Kompetenzen begründen können.

[129] So v *Bogdandy/Nettesheim*, EuR 1/1996, 3 (15).

[130] Vgl *Trüe*, Europa-Institut der Universität des Saarlandes (1997) Nr 357, 26.

[131] Ibid 33, ausführlich dazu, dass das Kohärenzgebot auch im Gemeinschaftsrecht verbindlich ist.

einer wirklich einheitlichen Konstruktion gar nicht nötig. Vielmehr werden durch die gemeinsamen Ziele und einheitlichen Vorgaben für das Handeln (Art A-F und Art L-S) die Verträge zu einer einheitlichen Rechtsordnung verbunden[132]. Der eigenständige Fortbestand der drei Gemeinschaften bleibt jedoch erhalten und es besteht insofern eine einheitliche Rechtsordnung ohne aber eine einheitliche Organisation.

Für die rechtliche Einordnung des Verhältnisses von Union und Gemeinschaften bedeutet dies, dass die Union durch ihren Gründungsvertrag als eine von der Gesamtheit der Mitgliedstaaten verschiedene rechtliche Einheit ausgestaltet ist. Sie verfügt über Mitgliedstaaten, die ihrerseits wieder zu Verbänden innerhalb der Union zusammengeschlossen sind. Die Gemeinschaften sind insofern zwar untrennbare Bestandteile oder ′Glieder′ der Union, nicht aber ihre Mitglieder im formellen Sinn.[133] Die Union ist damit eine internationale Organisation, die neben ihren Mitgliedstaaten andere internationale Organisationen, die nicht ihre Mitglieder sind, in einem Verband zusammenführt, eine sog "gestufte internationale Organisation".[134] Insofern lässt sich hier ein Vergleich mit der EG selbst anführen, welche mit der Europäischen Investitionsbank eine eigene Rechtspersönlichkeit in ihren Verband integriert hat.[135]

Für eine strikte Trennung von Unions- und Gemeinschaftsrecht und damit auch gegen die hier bevorzugte Einheitsthese sprechen sich die Autoren *Pechstein/Koenig*[136] aus. Nach ihrer Auffassung muss das Unionsrecht in Abgrenzung zum Gemeinschaftsrecht gesehen werden. Stellt Letzteres eine gegenüber dem nationalen Recht vorrangige mit supranationalen Eigenschaften ausgestattete Rechtsquelle dar, so sind die Bereiche der GASP und ZBJI eben eine ausschließlich intergouvernementale Zusammenarbeit völkerrechtlicher Natur. So gesehen ist das Unionsrecht eine vom Gemeinschaftsrecht getrennte

---

[132] So überzeugend *Trüe*, Europa-Institut der Universität des Saarlandes (1997) Nr 357, 35.

[133] Vgl *Schroeder* in *Hummer/Schweitzer*, Österreich und das Recht der Europäischen Union, 3 (7).

[134] *Dörr*, EuR 4/1995, 334 (347); *Trüe*, 36, spricht von „selbständigen Bestandteilen eines durch die Kohärenz zu einem gestuften Ganzen untereinander verketteten Verbundes". Auch *v Bogdandy/Nettesheim* in EuR 1/1996, 3 (11), beschreiben dieses Modell der gestuften internationalen Organisation und bezeichnen es als Modell vertikaler Eingliederung. Es entbehre aber für die Beschreibung des europäischen Primärrechts der Sinnhaftigkeit. Im Gegensatz dazu stehe das Modell der horizontalen Reihung, wonach die Union als nichtrechtsfähige Organisation oder als weitere juristische Person neben den Gemeinschaften steht.

[135] *Dörr*, EuR 4/1995, 334 (347).

[136] *Pechstein/Koenig*, Die Europäische Union² (1998) 4 ff.

Rechtsordnung von intergouvernementalem, völkerrechtlichen Charakter. *Pechstein/Koenig* sehen in den Bereichen der GASP und ZBJI den Ausdruck der Abneigung der Unionsstaaten gegenüber einer supranationalen Vergemeinschaftung dieser Politikbereiche. Dies deshalb, da etwa trotz der teilweisen Einführung des Mehrheitsprinzips der Rückgriff auf die Einstimmigkeitsklausel ermöglicht wird (Art 23 Abs 2 EU-V/Amsterdam). In diesem Zusammenhang darf aber die im Rahmen der ZBJI bestehende Möglichkeit der Überführung von Angelegenheiten dieses Bereiches in die Supranationalität der EG nicht ganz außer Acht gelassen werden (Art 42 EU-V/Amsterdam). Somit besteht die Kernaussage der genannten Autoren in der betonten Abgrenzung des Rechts der intergouvernementalen Bereiche der Union vom Gemeinschaftsrecht. Die Konzeption des Verhältnisses der Verträge besteht darin, dass die Regelungsgegenstände voneinander scharf zu unterscheiden sind. Aus diesem Grund wollen sie auch das Unionsrecht nicht als ein 'überwölbendes Vertragssystem mit formalem Verfassungscharakter beschreiben'[137].

Bei allem Bemühen der verschiedenen Theorien um eine abschließende rechtliche Beurteilung, bleibt doch das Verhältnis zwischen der Union und den Gemeinschaften letztendlich ambivalent[138] und rechtlich nicht leicht einordenbar. Es ist für den völkerrechtlichen Status der Union auch nicht entscheidend. Insofern beschreibt *Everling* treffend diese institutionelle Verknüpfung:

> „In the face of these mutual interdependencies, the Union is to be viewed as a unity together with the Communities not only politically, but also juridically, even though as separate legal persons they each possess formal autonomy. It can be understood as an organizational framework within which the legal persons of the Communities and the fields of cooperation of the CFSP and the CJHA[139] are comprehended. Together with these members, it forms a unified integrative body of singular nature, aiming at an ever closer unity".[140]

---

[137] *Pechstein/Koenig*, Die Europäische Union² (1998) 7, die den Begriff von der Einheitlichkeit der Unionsrechtsordnung als bloßes Schlagwort einstufen (Ibid 12).

[138] Treffend *Schroeder* in *Hummer/Schweitzer*, Österreich und das Recht der Europäischen Union, 3 (7).

[139] Common Foreign and Security Policy (CFSP), Cooperation in the Fields of Justice and Home Affairs (CJHA).

[140] *Everling*, CMLR 1992, 1053 (1063).

3. Die Union als Internationale Organisation

Eine Internationale Organisation, genauer Intergovernmental Organisation (IGO), wird allgemein definiert als "ein auf völkerrechtlichem Vertrag basierender Zusammenschluss von zwei oder mehreren Staaten bzw anderen Völkerrechtssubjekten zur Besorgung von Angelegenheiten von gemeinsamen Interesse durch gemeinsame Organe"[141]. Im Unterschied zu einer bloßen zwischenstaatlichen Kooperation erfordert die Internationale Organisation eine Institutionalisierung, eine Verbandstruktur, also mindestens ein eigenes Organ, das einen eigenständigen Willen[142] bilden kann. Insofern kann man sagen, dass die intergouvernementale Zusammenarbeit hier in gewisser Weise institutionalisiert wird.

Wendet man diese Kriterien auf die Union an, so ist zunächst festzustellen, dass der Vertrag über die Europäische Union den Charakter eines völkerrechtlichen Vertrages besitzt.[143] Das Merkmal der gemeinsamen Zielsetzung ist sowohl in Art A Abs 3 Satz 2 EU-V vorgegeben, wonach es Aufgabe der Union ist, die Beziehungen zwischen den -Mitgliedstaaten sowie zwischen ihren Völkern kohärent und solidarisch zu gestalten, als auch in den Bestimmungen des Art B EU-V konkretisiert. Schließlich hat die Union auch mindestens ein eigenes Organ, nämlich den in Art D EU-V festgelegten Europäischen Rat. Somit dürften für die Union die Merkmale einer Internationalen Organisation grundsätzlich erfüllt sein.[144] Dies auch dann, wenn die Union (noch) über keine Völkerrechtspersönlichkeit verfügen sollte. Diese Annahme kann man damit begründen, dass die Union eben noch nicht die entprechenden völkerrechtlichen Rechte und Pflichten hat,[145] und daher nur im Verhältnis zu ihren Mitgliestaaten als eigenständige Handlungseinheit auftritt. Denn für eine Internationale Organisation ist es nicht unbedingt erforderlich, dass ihre Organe auch gegenüber Drittstaaten

---

[141] Vgl *Köck/Fischer*, Das Recht der Internationalen Organisationen³ (1997) 60.

[142] Vgl *Henry G. Schermers/Niels M. Blokker*, International Institutional Law³ (1995) § 33; ebenso *Ignaz Seidl-Hohenveldern/Gerhard Loibl*, Das Recht der Internationalen Organisationen einschließlich der Supranationalen Gemeinschaften⁶ (1996) Rn 0102.

[143] *Dörr*, EuR 4/1995, 334 (335).

[144] Befürwortend *Seidl-Hohenveldern/Loibl*, Recht der Internationalen Organisationen⁶ (1996) Rn 0119a; so auch *Dörr*, EuR 4/1995, 334 (343), für den die Union damit grundsätzlich für die Verleihung einer eigenen Rechtspersönichkeit geeignet ist; ebenso *Streinz*, Europarecht⁴ (1999) 45, allerdings nur, wenn man die Rechtspersönlichkeit nicht zu den konstitutiven Merkmalen zählt. AA etwa *Schweitzer/Hummer*, Europarecht⁵ (1996), Rn 950.

[145] Vgl *Trüe*, Europa-Institut der Universität des Saarlandes (1997) Nr 357, 10.

Kompetenzen besitzen.[146] Ganz grundsätzlich müssten dann aber die Voraussetzungen für eine Völkerrechtspersönlichkeit vorliegen. Wird die Union dagegen noch nicht als eigenständige Internationale Organisation angesehen, so würde der EU-Vertrag bloß eine vertraglich festgelegte Form intergouvernementaler Kooperation normieren und die einzelnen Mitgliedstaaten würden die Zurechnungssubjekte der Handlungen bleiben.[147]

Fraglich bleibt weiters, ob diese völkerrechtliche Kategorie der Internationalen Organisation ausreicht, um den Besonderheiten der Union zu genügen. So wird etwa die Union auch als 'Internationale Organisation sui generis'[148] bezeichnet, mit dem Hinweis auf die sowohl supranationalen als auch intergouvernementalen Elemente. Für eine diesbezügliche Hervorhebung der Union aus dem Recht der Internationalen Organisationen tritt auch *Breitenmoser*[149] ein, wenn er die Supranationalität besonders betont. Als supranational werden demnach jene Internationalen Organisationen oder deren Teilbereiche bezeichnet, welche neben ihrer völkerrechtlichen Geltungsgrundlage über zusätzliche Elemente staatsrechtlichen Charakters verfügen. In diesem Sinne haben die EU-Mitgliedstaaten erheblich mehr Souveränitätsbeschränkungen in Kauf genommen als dies bei klassischen Internationalen Organisationen der Fall ist. So wurde die Union zu einer besonders intensiven eigenständigen bzw "sui generis-Staatenverbindung" gemacht.[150]

---

[146] *Seidl-Hohenveldern/Loibl*, Recht der Internationalen Organisationen, Rn 0111. Vgl dazu *Köck*, Questions Related to the Recognition of the European Communities, AuRevIntEurLaw 1997, 49 (56): „[International Organizations] ... are not endowed by their nature with either international capacity or any international minimal rights and obligations. Rather their international legal capacity and the actual rights and obligations based on it depend on what is given to them in the particular case."

[147] So *Pechstein/Koenig*, Die Europäische Union² (1998) 29 f, die die Völkerrechtsfähigkeit zu den konstitutiven Merkmalen einer Internationalen Organisation zählen. Vgl auch *Schermers/Blokker*, International Institutional Law, § 1562 und § 32: „(...) there is a smooth transition from loose cooperation between states to structured cooperation within an international organization."

[148] So *Georg Ress*, Ist die Europäische Union eine juristische Person?, EuR Beih 2/1995, 27 (34).

[149] *Stephan Breitenmoser*, Die Europäische Union zwischen Völkerrecht und Staatsrecht, ZaöRV 1995, 951 (980): „Mit den klassischen internationalen Organisationen stimmt die EU insoweit überein, als es sich bei beiden um durch einen Vertrag zwischen den Staaten begründete, mit eigenen Organen ausgestattete Institution handelt".

[150] So *Breitenmoser*, ZaöRV 1995, 951 (982); vgl in diesem Zusammenhang *Schroeder* in *Hummer/Schweitzer*, Österreich und das Recht der Europäischen Union, 3 (22), für den der Begriff der Internationalen Organisation und die damit verbundenen Grundsätze flexibel genug sind, um den Besonderheiten der Union Rechnung zu tragen.

Dieser völkerrechtlichen Kategorisierung der Union scheint zunächst auch das deutsche Bundesverfassungsgericht in seinem Maastricht-Urteil[151] zu folgen, wenn es allgemein von der Union als supranational organisierter zwischenstaatlicher Gemeinschaft[152] spricht, um sodann aber mit der neuen Bezeichnung "Staatenverbund" Verwirrung zu stiften. Dieser neue vom deutschen Höchstgericht verwendete Begriff "Staatenverbund" sagt noch nichts über die Frage aus, ob der 'Verbund' eine Internationale Organisation ist und er verlangt aber auch eine Abgrenzung zum Staatenbund. Der 'Staatenverbund' könnte für eine besonders enge integrative (supranationale) Organisation oder Form des Staatenbundes stehen und damit ausdrücken, dass die Union Merkmale aufweist, die über den klassischen Staatenbund hinausgehen. Als wesentliche Unterscheidungsmerkmale sieht *Breitenmoser* die vereinbarte Zielsetzung und die sich daraus ergebende Dynamik. Demnach wäre der Staatenbund die statische Kooperation souveräner Staaten. Die supranationale Staatenverbindung wäre das dynamische Gegenstück, womit die Tür zu einer weitergehenden Integration offen gelassen werden sollte.[153] So gesehen wählte das Gericht bewusst den - gerade nicht typisierenden - Begriff des „Staatenverbundes", um die Offenheit des Integrationsprozesses zu charakterisieren.[154] Andererseits wird die Unsicherheit des Bundesverfassungsgerichts auch deutlich, wenn es feststellt, dass die Union kein selbständiges Rechtssubjekt mit einer gegenüber den Gemeinschaften oder den Mitgliedstaaten gesonderten Rechtspersönlichkeit sei. Auf die diesbezüglichen Begründungen soll im nächsten Abschnitt näher eingegangen werden.

Die Frage nach der Internationalen Organisation wäre noch weiter zu vertiefen, kann und soll aber hier nicht näher verfolgt werden.

---

[151] BVerfGE 89/155 vom 12. 10. 1993, in NJW 1993, 3047.

[152] Ibid Leitsatz 2.

[153] *Breitenmoser*, ZaöRV 1995, 951 (985 ff und 991): „Der neue Begriff des Staatenverbundes bringt die beiden im Recht der Europäischen Union vorhandenen völker- und staatsrechtlichen Pole zum Ausdruck. Die EU ist (...) eine in wesentlichen Teilbereichen staatsähnlich organisierte, im übrigen aber zugleich intergouvernementale Gemeinschaft. Eine Gemeinschaft also, deren eigenständige Rechtsnatur eben weder dem Völkerrecht noch dem Staatsrecht zuzuordnen ist, sondern die sich flexibel zwischen diesen beiden Polen hin und her bewegt".

[154] *Helmut Steinberger*, Anmerkungen zum Maastricht-Urteil des Bundesverfassungsgerichts, in *Hommelhoff/Kirchhof*, Der Staatenverbund der Europäischen Union, 25 (28). Ähnlich auch *Christian Tomuschat*, Die Europäische Union unter der Aufsicht des Bundesverfassungsgerichts, EuGRZ 1993, 489 (492), der von einem in keiner Weise vorbelasteten Begriff spricht.

B. Völkerrechtsfähigkeit der Union

1. Maastricht-EU

Der Maastrichter Unionsvertrag enthält keine ausdrückliche Bestimmung über eine eigene Rechtspersönlichkeit der Union. Für die drei Europäischen Gemeinschaften EG, EAG und EGKS finden sich in deren Gründungsverträgen[155] Regelungen über die Rechtspersönlichkeit, die aufgrund des Art M EU-V unberührt bleiben.

Die Völkerrechtsfähigkeit einer Internationalen Organisation gründet sich nach herrschender Lehre auf den Willen der Mitgliedstaaten, der zu einer ausdrücklichen oder impliziten Verleihung der Völkerrechtspersönlichkeit in den Bestimmungen des Gründungsvertrages führt.[156] Eine solche ausdrückliche Verleihung findet sich im EU-V eben gerade nicht. In Betracht käme allenfalls eine stillschweigende Zuweisung in den Bestimmungen des Unionsvertrages, die durch Auslegung des Vertragstextes erschlossen werden kann. Es soll daher nach Anhaltspunkten im EU-V selbst gesucht werden, die Hinweise auf eine eigene Völkerrechtspersönlichkeit der Union geben könnten. Weiters soll der Meinungsstand in der Lehre zur Rechtspersönlichkeit der Union nach dem Maastrichter Vertragswerk dargestellt werden, der ein breites Spektrum abdeckt, von der strikten Ablehnung über eher abwartende Haltungen, die die künftige Praxis beachten wollen[157], bis hin zur Bejahung der Rechtspersönlichkeit.

a) Indizien aus dem Vertragstext

---

[155] Art 210 EGV; Art 184 EAGV; Art 6 EGKSV. Vgl dazu auch *Köck*, Questions Related to the Recognition of the European Communities, AuRevIntEurLaw 2/1997, 49-68.

[156] *Bardo Faßbender*, Die Völkerrechtssubjektivität internationaler Organisationen, ÖZöRV 1986, 17 (28).

[157] Vgl dazu die Stellungnahme von *Ress* in der Diskussion auf dem Kolloquium für Herrn Prof. Dr. Hans-Joachim Glaesner, in EuR Beih 2, 1995, 99: „Wir können nach meiner Ansicht einen solchen Zustand nicht als Rechtswissenschaftler in dem Zustand des bloßen Pragmatismus belassen und sagen, wir schauen, wie sich das Ganze entwickelt, und dann ziehen wir ein Ergebnis. (...) wir haben die Aufgabe, (...) zu analysieren, welche rechtlichen Konstruktionen oder welche rechtlichen Beziehungen vorhanden sind und auch welche Folgen zu ziehen sind."

Es gibt deutliche Anzeichen im Vertrag, die für die Union als eigenständige, autonome Entität sprechen. So bestimmt schon Art A EU-V, dass die Hohen Vertragsparteien untereinander eine Europäische Union gründen, und übernimmt damit die gleiche Formulierung, die Art 1 EG-V zur Errichtung der Gemeinschaft verwendet.

Diese neue Union hat ihre eigenen Aufgaben (Art A Abs 3 Satz 2 EU-V) und ihre eigenen Ziele (Art B, Art C Satz 1, Art J 1, K 1 EU-V), die sie zwar nach den jeweiligen Kooperationsformen, wie sie im Vertrag vorgesehen sind, aber doch einheitlich und demnach als Ziele der Union verfolgen soll. Hinzukommen ihre eigenen gemeinsamen Werte, grundlegenden Interessen, die eigene Unabhängigkeit (Art J 1 Abs 2 und 4 EU-V), ihre politischen Zielvorstellungen (Art D Abs 1 EU-V) und ihre eigenen Prinzipien und Grundsätze, nach denen sie handelt (Art F Abs 1 und 2 EU-V); außerdem stattet sich die Union mit eigenen Mitteln aus, die zum Erreichen ihrer Ziele erforderlich sind (Art F Abs 3 EU-V). Einer von den einzelnen Staaten unabhängigen Organisation soll es möglich sein, internationale Rechtspersönlichkeit zu besitzen:

> „Only if a distinction exists between the states and the entity they established, has an 'independent' organization been created, possibly being in need of the possession of international legal personality."[158]

Die Union hat eine gemeinsame Außen- und Sicherheitspolitik (Art B 2. Spiegelstrich und Art J EU-V), in dessen Rahmen der Vorsitz die Union als solche (und nicht ihre Mitgliedstaaten) vertritt (Art J 5 EU-V). Auf formaler Ebene ist hier erkennbar, dass der Unionsvertrag eine bewusste Unterscheidung zwischen der Union als solcher und ihren Mitgliedstaaten trifft. So wird etwa in Art J 1 Abs 1 EU-V normiert, dass die Union und ihre Mitgliedstaaten diese Gemeinsame Außen- und Sicherheitspolitik erarbeiten. Weiters werden den Mitgliedstaaten einerseits konkrete Verpflichtungen auferlegt, wenn es in Art J 1 Abs 4 EU-V heisst, dass sie die Außen- und Sicherheitspolitik der Union aktiv und vorbehaltlos im Geiste der Loyalität und Solidarität unterstützen. Andererseits hat aber auch die Union als solche Pflichten gegenüber den Mitgliedstaaten, wenn sie gemäß Art F Abs 1 EU-V die nationale Identität ihrer Mitglieder achten soll.[159]

---

[158] *Ramses A. Wessel*, The International Legal Status of the European Union, EurForAffRev 2/1997, 109 (116f).

[159] Vgl die dementsprechenden und ähnlichen Begründungen des IGH hinsichtlich der VN im Bernadotte-Fall, CIJ Recueil 1949, 179.

Derartige Textstellen werden als Hinweise auf die Eigenständigkeit der Union betrachtet, da es nicht vorstellbar ist, dass nur die Gesamtheit der Mitgliedstaaten Adressat solcher Vorschriften ist.[160] Die Union und ihre Mitgliedstaaten stehen sich dementsprechend nach einzelnen Bestimmungen des EU-V als eigenständige Handlungsträger gegenüber. In dieses Bild fügen sich auch die Bestimmungen der Art A Abs 3 Satz 2 und Art B EU-V, wonach die Union eigene Aufgaben hat und sich eigene Ziele setzt. Und auf den ersten Blick trifft dies auch auf Art O EU-V zu, der den Beitritt nur noch zur 'Union' regelt und somit dem ersten Anschein nach den Beitritt zu einem Rechssubjekt nahelegt.[161] Die Aufnahme weiterer Mitglieder nur noch in die Union könnte ein Indiz dafür sein, dass die Union selbst Träger von Rechten und Pflichten aus den Beitrittsverträgen sein sollte.[162] Dabei darf aber nicht übersehen werden, dass der tatsächliche Beitrittsvertrag gemäß Abs 2 dieses Artikels durch ein Abkommen zwischen den Mitgliedstaaten und dem antragstellenden Staat, also durch Abschluss eines völkerrechtlichen Vertrages mit den Mitgliedstaaten und nicht mit der Union, erfolgt. Demnach kann von Art O EU-V letztlich nicht unbedingt auf die Völkerrechtsfähigkeit der Union geschlossen werden.[163] Dagegen wird nun wieder vorgebracht, dass sowohl der Ratsbeschluss (Art O Abs 1) als auch die Ratifikation des Beitrittsvertrages durch die Mitgliedstaaten konstitutive Akte für einen Beitritt sind, und daher ein Teil der Kompetenz bereits auf die Union übergegangen ist.[164] Auch darf nicht übersehen werden, dass die Beitrittsklauseln der Gründungsverträge der Gemeinschaften (etwa Art 237 EWGV), an deren Stelle Art O EU-V getreten ist, ebenfalls den Abschluss des Beitrittsvertrages mit den Mitgliedstaaten vorsahen.[165] Dies trotz der selbständigen Rechtspersönlichkeit der Gemeinschaften.

Im internationalen Bereich achtet die Union dank ihres einheitlichen institutionellen Rahmens insbesondere auf die Kohärenz aller von ihr ergriffenen außenpolitischen Maßnahmen (Art C Abs 2 EU-V) und sie setzt sich als Ziel, die Behauptung ihrer Identität auf internationaler Ebene (Art B, 2. Spiegelstrich EU-V). Bei der Auslegung dieser Zielbestimmung, nämlich der Behauptung der

---

[160] So *Schroeder* in *Hummer/Schweitzer*, Österreich und das Recht der Europäischen Union, 3 (10).

[161] So *Streinz*, Europarecht[4] (1999) 45.

[162] *Ress*, EuR Beih 2/1995, 27 (36).

[163] So *Dörr*, EuR 4/1995, 334 (340); *Hilf* in *Grabitz/Hilf (Hrsg)*, Kommentar zur Europäischen Union, (1995) Art A EU-V Rn 25. AA *Ress*, EuR Beih 2/1995, 27 (33), der hinsichtlich Art O EU-V sogar ein Vertragsschließungsrecht der Union annimmt.

[164] So *Trüe*, Europa-Institut der Universität des Saarlandes (1997) Nr 357, 43.

[165] Vgl dazu *Fischer/Köck*, Europarecht[3] (1997) 676, und *Köck/Fischer*, The European Union on the International Scene (1996) 139 ff.

Identität der Union auf internationaler Ebene, ist nach *Dörr*[166] aber Vorsicht geboten. Es stelle sich zwar insofern die Frage, „was in einem völkerrechtlichen Vertragstext eine solche Identität anderes sein solle als die Rechtspersönlichkeit im internationalen Rechtsverkehr", aber diese Bestimmung könnte sich auch lediglich in einem politisch-soziologischen Sinn auf die Eigenheit der Union beziehen, ohne über den rechtlichen Status eine Aussage zu machen. Für eine solche Deutung spreche Art F Abs 1 EU-V, der von der Respektierung der nationalen Identität der Mitgliedstaaten spricht, damit aber nicht die formale Rechtspersönlichkeit der Staaten meine, sondern ihre nationalen Eigenheiten.

Identität bedeutet eigentlich Wesensgleichheit. Bezogen auf die internationale Ebene könnte dies auch bedeuten, dass die Union sich als gleichwertiger Partner zu behaupten hat und daher als Träger von Rechten und Pflichten anzusehen ist.

> „La recherche d'une affirmation de l'identité sur la scène internationale paraît impliquer que l'Union européenne y apparaisse comme une entité distincte de ses États membres, susceptible d'être reconnue en temps que telle."[167]

Einen deutlichen Anhaltspunkt für die Gegenüberstellung von Mitgliedstaaten und der eigenständigen Union liefert auch der Bereich der Gemeinsamen Außen- und Sicherheitspolitik (GASP). Während nach Art J 1 Abs 1 EU-V die Union und ihre Mitgliedstaaten eine Gemeinsame Außen- und Sicherheitspolitik erarbeiten und verwirklichen, obliegt die Verfolgung der Ziele dieser Politik gemäß Abs 3 der Union alleine. Sie verfolgt diese Ziele durch die Errichtung einer systematischen Zusammenarbeit zwischen den Mitgliedstaaten und durch die allmähliche Umsetzung gemeinsamer Aktionen (vgl Art J 1 Abs 3 EU-V). Manche Autoren[168] finden hier eine Begründung für die Annahme einer eigenen Völkerrechtspersönlichkeit der Union.

---

[166] *Dörr*, EuR 4/1995, 334 (340).

[167] „Das Trachten nach einer Behauptung der Identität auf internationaler Ebene scheint miteinzuschließen, dass die europäische Union ebendort als von den Mitgliedstaaten verschiedene Entität erscheint, die geeignet ist, mit der Zeit als solche anerkannt zu werden", *Joel Rideau*, Droit institutionnel de l'Union et des Communautés européennes (1994) 212. Siehe dazu auch *Wessel*, EurForAffRev 2/1997, 124, „(...) some international capacity seems to be necessary in order to be able to attain this objective."

[168] So etwa *Ress*, Die Europäische Union und die neue juristische Qualität der Beziehungen zu den Europäischen Gemeinschaften, JuS 12/1992, 985 (986).

Auch das in Art J 1 Abs 2 EU-V im Rahmen der Außen- und Sicherheitspolitik normierte Ziel, nämlich die Wahrung der gemeinsamen Werte, der grundlegenden Interessen und der Unabhängigkeit der Union könnte in dieser Hinsicht von Bedeutung sein. Mit der Unabhängigkeit der Union könnte vor allem der eigenständige Status der Union im internationalen Bereich zum Ausdruck kommen. Die Mitgliedstaaten hielten es scheinbar für notwendig, den Charakter der Union als autonome Entität und deren Unabhängigkeit vor allem in Beziehung zu Drittstaaten und anderen Internationalen Organisationen ausdrücklich zu betonen.[169] Als weiteres Ziel sieht Art J 1 die Stärkung der Sicherheit der Union und ihrer Mitgliedstaaten vor. Auch hier wird eine Unterscheidung getroffen zwischen der Sicherheit der Union und der Sicherheit der Mitgliedstaaten. Es soll sowohl die Sicherheit der Union als auch die Sicherheit der einzelnen Mitgliedstaaten gestärkt werden. Würde mit der Union lediglich die Gesamtheit der Mitgliedstaaten gemeint sein, so wäre diese Unterscheidung ohne jede Bedeutung. Diese Formulierungen zeigen sehr deutlich, dass die Union ein von den Mitgliedstaaten zu unterscheidendes Gebilde ist.

Es gibt aber auch einzelne Vertragsbestimmungen, die gegen eine indirekte Zuweisung der Rechtspersönlichkeit an die Union sprechen könnten. Da ist zB Art 8 c EG-V, der den diplomatischen und konsularischen Schutz der Unionsbürger regelt. Indem hier auf den diplomatischen Schutz eines jeden Mitgliedstaates abgestellt ist, wird die staatliche Dimension hervorgehoben. Die Verantwortung der Vertretung der Interessen der Unionsbürger liege demnach aufgrund der nicht vorhandenen Rechtspersönlichkeit bei den Einzelstaaten.[170] Diese grundsätzliche Regelung findet ihre Entsprechung in Art J 6 EU-V, wonach sich die diplomatischen und konsularischen Vertretungen der Mitgliedstaaten und die Delegationen der Kommission in dritten Ländern und auf internationalen Konferenzen sowie ihre Vertretungen bei Internationalen Organisationen abstimmen, um die Einhaltung und Umsetzung der vom Rat festgelegten Standpunkte und gemeinsamen Aktionen zu gewährleisten. Die Vertretung der Union durch die einzelnen diplomatischen und konsularischen Stellen der Mitgliedstaaten, zeigt, dass die Union als solche, solange sie über keine Rechtspersönlichkeit verfügt, ihre Interessen nicht durch gemeinsame Botschaften schützen kann.[171]

---

[169] Vgl dazu auch *Wessel*, EurForAffRev 2/1997, 109 (125): „In the most obvious interpretation the safeguarding of the Union's independence would be seen as a confirmation of its sovereign competences vis-à-vis third states."

[170] *Astéris Pliakos*, La nature juridique de l'Union européenne, RTDE 1993, 187 (212).

[171] *Pliakos*, RTDE 1993, 187 (212).

Schließlich wird für eine Völkerrechtspersönlichkeit aber auch die im EU-V niedergelegte Organstruktur ins Treffen geführt und vor allem auf den Europäischen Rat als das spezifische Unionsorgan hingewiesen. Indem er der Union gemäß Art D EU-V die erforderlichen Impulse gibt und die allgemeinen politischen Zielvorstellungen festlegt, trifft der Europäische Rat somit für die Union die maßgeblichen Grundsatzentscheidungen. Eine Entschließung des Europäischen Rates bildet außerdem die Grundlage für eine gemeinsame Aktion der Union gemäß Art J 3 Abs 1 EU-V. Auf diese Weise kann der Europäische Rat einen spezifischen Willen der Union bilden.[172] Aufgrund des einheitlichen institutionellen Rahmens nach Art C EU-V werden der Union aber auch die Organe der drei Gemeinschaften zugewiesen, sofern sie im Rahmen der Union eigene Aufgaben wahrnehmen. So sind der Rat und die Kommission gemäß Art C Abs 2 EU-V für die Kohärenz als Aufgabe der Union zuständig. Diese Kohärenz kann somit als eigenständige Unionsaufgabe für Rat und Kommission angesehen werden.[173] Ausserdem äußert der Ratsvorsitz einen spezifischen Unionswillen, indem er gemeinsame Standpunkte und gemeinsame Aktionen ausarbeitet. Nach *Fischer/Köck*[174] werden Rat und Kommission in der zweiten und dritten Säule als solche für die Union tätig und folglich ist eine Handlungseinheit, die durch Organe tätig wird, dabei gewisse Rechte ausübt und gewisse Pflichten erfüllt, ihrem Wesen nach Rechtssubjekt.

Diese Erwägungen sprechen zunächst dafür, dass die Union über eine gewisse Organstruktur verfügt, um einen eigenen Willen zu artikulieren und diesem Willen völkerrechtliche Wirkungen gegenüber Drittstaaten und anderen Internationalen Organisationen zu verleihen. Sie müsste damit in ihrem Aufbau grundsätzlich geeignet sein, Träger völkerrechtlicher Rechte und Pflichten zu sein, die auf internationaler Ebene durch die hiefür vorgesehenen Organe geltend gemacht werden können.[175] Dies soll jedoch noch einer näheren Betrachtung unterzogen werden.

---

[172] Vgl *Schroeder* in *Hummer/Schweitzer*, Österreich und das Recht der Europäischen Union, 3 (11).
[173] Vgl *Ress*, EuR Beih 2/1995, 27 (38).
[174] *Fischer/Köck*, Europarecht³ (1997) 672, Anm 1535.
[175] Vgl *Schroeder* in *Hummer/Schweitzer*, Österreich und das Recht der Europäischen Union, 3 (13).

b) Die Organstruktur

Von jenen Vertretern in der Lehre, die eine selbständige Rechtspersönlichkeit der Europäischen Union verneinen, wird die Auffassung vertreten, die Union sei eher, wie die von ihr abgelöste „Europäische Politische Zusammenarbeit", lediglich ein Zusammenschluss für ein besonders geregeltes Verfahren zur Kooperation der Mitgliedstaaten.[176] Dafür wird nicht zuletzt ihre Organisations- und Kompetenzstruktur ins Treffen geführt. Daran anschließend ist der Unionsvertrag dann ein Rahmenvertrag, der keine eigenen Hoheitsrechte der Union vorsieht.[177] So wird auf die organisatorische Ausgestaltung der Union verwiesen und argumentiert, dass sie keine eigenen Organe habe. Im Vertrag sei kein Organ der Union als solches bezeichnet. Der Europäische Rat, der als einziges 'genuines Organ' der Union dafür in Frage käme, sei nicht das Organ der Union im Sinne eines internationalen Organbegriffes, da der Begriff des Organs in Art D EU-V gerade nicht verwendet wird.[178] Auch die Leitfunktion des Europäischen Rates, wonach er der Union die für ihre Entwicklung erforderlichen Impulse gibt und die allgemeinen politischen Zielvorstellungen für diese Entwicklung festlegt, spreche gegen eine Organstellung. Damit ist der Europäische Rat - etwa nach *Hilf*[179] - nicht Organ einer übergreifenden Organisation, sondern vielmehr ein „Vertragsorgan" zur intergouvernementalen Zusammenarbeit der Mitgliedstaaten, anders ausgedrückt, „an inter-governmental organ par excellence with no supranational features."[180]

Wenn dem Europäischen Rat im Rahmen der Union zwar keine rechtssetzenden oder entscheidenden Funktionen übertragen worden sind, so spricht doch Einiges dafür, dass er als das einzige originäre Organ der Union[181] betrachtet werden kann. So schafft Art D EU-V, der die Grundlage für den Europäischen Rat bildet,

---

[176] So *Martin Seidel*, Zur Verfassung der Europäischen Gemeinschaft nach Maastricht, EuR 1992, 125 (126).

[177] *Streinz*, Rechtsgrundlagen, Aufbau und Handlungsbefugnisse der EU, in *Hummer (Hrsg)*, Die Europäische Union und Österreich (1994) 29 (32).

[178] *Hilf* in *Grabitz/Hilf*, Kommentar zur EU (1995) Art A Rn 30, ebenso *Albert Bleckmann*, Europarecht[6] (1997) § 4, Rn 166.

[179] *Meinhard Hilf*, Die Europäische Union und die Eigenstaatlichkeit der Mitgliedstaaten, in *Hommelhoff/Kirchhof*, Der Staatenverbund der Europäischen Union (1994) 75 (77).

[180] *Deirdre Curtin*, The Constitutional Structure of the Union: A Europe of Bits and Pieces, CMLR 1993, 17 (26).

[181] *Ulrich Everling*, Die Rolle des Europäischen Rates gegenüber den Gemeinschaften, EuR 2/1995, 41 (43); ebenso *Streinz* in *Hummer*, Die Europäische Union und Österreich, 29 (35); *Dörr*, EuR 4/1995, 334 (337), vgl auch *Oppermann*, Europarecht[2] (1999) § 5 Rn 299: „Organ der gesamten EU".

doch ausdrücklich eine Verbindung zwischen dem Europäischen Rat und der Union. Dazu kommt, dass sich diese Bestimmung im Vertrag über die Europäische Union und nicht in Art 4 EG-V findet. In diesem Zusammenhang ist auch darauf hinzuweisen, dass sich die allgemeinen Kompetenzen des Europäischen Rates auf alle Bereiche der Union erstrecken. Besonders zu erwähnen sind für die 2. Säule der Gemeinsamen Außen- und Sicherheitspolitik die Bestimmungen des Art J 3 und J 8 EU-V. Wie kontroversiell diese Frage jedoch ist, zeigt sich auch daran, dass zwar einerseits der Union eigene Organe abgesprochen werden, zugleich aber auf den einheitlichen institutionellen Rahmen verwiesen wird, der von den Gemeinschaftsorganen und dem Europäischen Rat gebildet wird. Somit wird der Europäische Rat doch wieder deutlich hervorgehoben und als ′instance essentielle de l′Union′ - ′essentielle Instanz der Union′ bezeichnet.[182]

Gerade aber die Bestimmungen der Art J 3 und J 8 EU-V verdeutlichen, dass der Europäische Rat einen eigenen Willen bilden kann[183] und seine Akte mit einer rechtlichen Verbindlichkeit ausgestattet sind. Hier werden die „allgmeinen Leitlinien des Europäischen Rates" nämlich ausdrücklich zur Grundlage von Beschlüssen des Rates erklärt und sind somit Voraussetzung für ein Tätigwerden des Rates. Die Herausbildung eines eigenständigen Willens des Europäischen Rates, der dann der Union zuzurechnen ist, ist ein wesentliches Unterscheidungsmerkmal zwischen einer bestimmten Organisation und einem bloß völkerrechtlichen Abkommen oder einer multilateralen Zusammenarbeit. Voraussetzung für einen solchen eigenen Willen ist, dass das Organ nicht von einem bestimmten Mitgliedstaat abhängig ist.[184] Dagegen ist es nicht erforderlich, dass es mit Mehrheit entscheidet. Auch wenn die Beschlüsse des Europäischen Rates somit einstimmig gefasst werden, kann sich ein eigener Wille dieses Organs bilden. Denn in diesem Falle wird zwar die Souveränität der Mitgliedstaaten kaum eingeschränkt, doch deshalb ist es nicht ausgeschlossen, dass sich ein autonomer Organwille bildet, der der Organisation zuzurechenen ist.[185]

Geht man nun davon aus, dass die Union mit dem Europäischen Rat zumindest ein eigenes Organ besitzt, so werden die weiteren Organe der Gemeinschaften nach überwiegender Auffassung in den Bereichen der Union als beliehene Organe

---

[182] So bei *Vlad Constantinesco*, La Structure du Traité instituant L′Union Européenne, CDE 1993, 251 (267, 268).
[183] So auch *Trüe*, Europa-Insitut der Universität des Saarlandes (1997) Nr 357, 15.
[184] *Schermers/Blokker*, International Institutional Law³ (1995) § 44.
[185] *Ress*, EuR Beih 2/1995, 27 (39).

tätig.[186] Vor allem unter Berufung auf den einheitlichen institutionellen Rahmen der Union und Art E EU-V, wonach das Europäische Parlament, der Rat, die Kommission und der Gerichtshof ihre Befugnisse nach Maßgabe und im Sinne der Gründungsverträge der Gemeinschaften einerseits und der übrigen Bestimmungen des Vertrages über die Europäische Union andererseits ausüben, wird sogar vertreten, dass die Organe der Gemeinschaften zugleich Unionsorgane sind und es daher zu keiner bloßen Organleihe der Union bei den Gemeinschaften kommt.[187] Für diese Sichtweise spricht insbesondere, dass die Organe im Unionsvertrag als solche angeführt werden, was den Schluss zulässt, dass sie auch eigene Organe der Union sind.[188] Neben der Organleihe spricht man auch von Organen mit Doppelfunktion[189]. Festzuhalten bleibt jedenfalls, dass die Union nach überwiegender Ansicht den Europäischen Rat als eigenes Organ und die übrigen Organe der Gemeinschaften als geliehene Organe hat, die einen eigenen, der Union zurechenbaren Willen bilden können, der sich einerseits von den Gemeinschaften und andererseits von den Mitgliedstaaten unterscheidet. Für den Rat ergibt sich dies aus seinen gemeinsamen Standpunkten und gemeinsamen Aktionen. Auch die Kommission ist in den Willensbildungsprozess der Union miteinbezogen, wenn sie zusammen mit dem Rat für die Kohärenz zuständig ist (Art C Abs 2 EU-V), ein Vorschlagsrecht im Rahmen der Gemeinsamen Außen- und Sicherheitspolitik hat (Art J 8 Abs 3 EU-V) an den Aufgaben der Troika beteiligt ist (Art J 5 Abs 3 EU-V), oder ein Initiativrecht für gemeinsame Standpunkte und gemeinsame Maßnahmen des Rates hat (Art K 3 Abs 2 1. Spiegelstrich EU-V).

---

[186] Vgl zur sog 'Organleihe' etwa *Fischer/Köck*, Europarecht³ (1997) 264, 267; *Hilf* in *Grabitz/Hilf*, Kommentar zur EU, Art A EU-V, Rn 30; *Constantinesco*, CDE 1993, 251 (267) spricht von „sorte de dédoublement fonctionnel".

[187] *Ress*, JuS 1992, 985 (986); ebenso *Wessel*, EurForAff Rev 2/1997, 109 (115).

[188] Vgl dazu *Trüe*, Europa-Institut der Universität des Saarlandes (1997) Nr 357, 19, die in der Organleihe eine „unnötig komplizierte Konstruktion" erblickt.

[189] So *Schroeder* in *Hummer/Schweitzer*, Österreich und das Recht der Europäischen Union, 3 (10 ff).

c) Kompetenzen der Union gegenüber den Mitgliedstaaten

Zur Ausgestaltung der Kompetenzstruktur der Union wird die Auffassung vertreten, dass sie in ihren eigenen Bereichen der Außenpolitik und der Zusammenarbeit in Justiz und Innerem keine bzw wenig eigenständige Handlungsbefugnisse besitzt, die den Schluss auf eine Rechtspersönlichkeit rechtfertigen könnten. Das Ziel der Mitgliedstaaten ist es nicht gewesen, Kompetenzen einer neuen rechtsfähigen Einheit zu übertragen, sondern bloß eine engere und intensivere Koordinierung ihrer Politiken im Rahmen der Union zu vereinbaren[190] und in diesem Sinn eine intergouvernementale Konferenz vorzusehen.

Aus Art F Abs 3 EU-V, wonach sich die Union mit den Mitteln ausstattet, die zum Erreichen ihrer Ziele und zur Durchführung ihrer Politiken erforderlich sind, kann eine Kompetenz-Kompetenz der Union nicht abgeleitet werden. Vor allem unter Hinweis auf das in Art E EU-V festgelegte Prinzip der begrenzten Einzelermächtigung, das Fehlen verfahrensrechtlicher Voraussetzungen, wie sie bei den Kompetenznormen des Gemeinschaftsrechts sonst vorhanden sind, und schließlich wegen der fehlenden Rechtssubjektivität hat das deutsche Bundesverfassungsgericht in Art F Abs 3 EU-V keinerlei Anhaltspunkte für eine Kompetenz-Kompetenz der Union gesehen.[191] Im Rahmen der Union, in der die Mitgliedstaaten zur Kooperation verpflichtet sind, ist in dieser Bestimmung lediglich eine politische Absichtserklärung zu sehen.[192] Demzufolge verbleibt die Kompetenz-Kompetenz in den Händen der Mitgliedstaaten und deren Verfassungsautonomie. Eine Änderung der bestehenden Kompetenzregelungen kann grundsätzlich nur durch eine Änderung der Unionsverträge nach Art N EU-V erfolgen.[193]

Im Rahmen der GASP soll die Union die Ziele dieser gemeinsamen Politik durch die Errichtung einer systematischen Zusammenarbeit zwischen den Mitglied-

---

[190] *Hilf* in *Grabitz/Hilf*, Kommentar zur EU, Art A EUV Rn 28.

[191] Siehe dazu unten Punkt 5.

[192] *Ulrich Everling*, Überlegungen zur Struktur der Europäischen Union und zum neuen Europa-Artikel des Grundgesetzes, DVBl 1993, 936 (941).

[193] *Peter Huber*, Der Staatenverbund der Europäischen Union, in *Jörn Ipsen et al (Hrsg)*, Verfassungsrecht im Wandel. Wiedervereinigung Deutschlands, Deutschland in der Europäischen Union, Verfassungsstaat und Föderalismus: Zum 180jährigen Bestehen der Carl Heymanns Verlag KG (1995) 349 (354).

staaten und durch allmähliche Umsetzung gemeinsamer Aktionen verfolgen (Art J 1 Abs 3 EU-V). Gerade die Beschränkung auf die Förderung der Zusammenarbeit der Mitgliedstaaten könnte allerdings darauf hindeuten, dass die Union selbst nicht agiert und insoweit keine Rechtspersönlichkeit benötigt.[194] *Lecheler*[195] weist aber zutreffend darauf hin, dass es sich beim Verfahren der regelmäßigen Zusammenarbeit infolge der Abstimmung zwischen den Mitgliedstaaten (Art J 2 EU-V) um eine klassische intergouvernementale Zusammenarbeit handelt, zu der allerdings supranationale Elemente hinzugefügt wurden. So legt der Rat gemäß Art J 2 Abs 2 EU-V in allen Fällen, in denen er es für erforderlich erachtet, einen gemeinsamen Standpunkt fest. Und auch das Verfahren für eine gemeinsame Aktion in den Bereichen der Außen- und Sicherheitspolitik wird wesentlich vom Rat bestimmt. Infolgedessen kann man die Zusammenarbeit nicht als bloß 'gouvernemental' charakterisieren. Durch die Kompetenzen des Rates, die Beteiligung von Parlament (Art J 7, K 6 EU-V) und Kommission (Art J 9, K 4 Abs 2 EU-V) werden GASP und ZBJI daher über eine bloße intergouvernementale Zusammenarbeit hinausgehoben.[196]

Bei der Untersuchung der Kompetenzstruktur der Union stößt man nun vor allem auch auf die Frage nach Befugnissen zu rechtsverbindlichen Handlungen gegenüber den Mitgliedstaaten. Gerade das Element einer bindenden Entscheidung gegenüber den Mitgliedstaaten ist als entscheidendes Merkmal dafür zu betrachten, dass diese Organisation als von den Mitgliedstaaten verschieden angesehen werden kann.[197] Hier erhalten die Bestimmungen der Art J 2 und J 3 EU-V besondere Bedeutung, da sie eine Grundlage für den Rat bilden, bindende Entscheidungen zu treffen. Für das Verfahren zur Annahme einer gemeinsamen Aktion findet sich eine ausdrückliche Bestimmung, die ihre Verbindlichkeit gegenüber den Mitgliedstaaten festlegt (vgl Art J 3 Z 4). Danach sind die gemeinsamen Aktionen für die Mitgliedstaaten bei ihren Stellungnahmen und ihrem Vorgehen bindend. Hinsichtlich der gemeinsamen Standpunkte gemäß Art J 2 EU-V verpflichtet Absatz 2 die Mitgliedstaaten dafür Sorge zu tragen, dass ihre einzelstaatliche Politik mit dem gemeinsamen Standpunkt im Einklang steht. Daraus könnte man eine Verbindlichkeit gegenüber den Mitgliedstaaten

---

[194] So *Hilf* in *Grabitz/Hilf*, Kommentar zur EU (1995) Art A Rn 27. Ähnlich auch *Oppermann/Classen*, NJW 1993, 5 (10), die die besondere Koordination der mitgliedstaatlichen Aktivitäten als Zielsetzung der GASP hervorheben.

[195] *Helmut Lecheler*, Die Pflege der auswärtigen Beziehungen in der Europäischen Union, ArchVR 1994, 1 (20).

[196] *Dörr*, EuR 4/1995, 334 (336), der allerdings keine supranationalen Elemente ausmacht.

[197] Vgl *Wessel*, EurForAffRev 2/1997, 109 (118 f).

ableiten.[198] Problematischer ist dies im Rahmen der dritten Säule. Wenngleich die Möglichkeit einer rechtlichen Verbindlichkeit von gemeinsamen Standpunkten und Maßnahmen gemäß Art K 3 Abs 2 EU-V auch hier nicht gänzlich ausgeschlossen werden kann[199], so gibt es dazu keine Hinweise im Vertragstext, die eine Verbindlichkeit nahelegen. Hier zeigt sich, dass es zumindest vereinzelte Anhaltspunkte gibt, dass die Union in diesen Bereichen doch auch selbst agiert und nicht bloß die Zusammenarbeit der Mitgliedstaaten fördert.

Weitere Argumente gegen eine selbständige Rechtspersönlichkeit werden vor allem darin gefunden, dass die Union auch weiterhin nur durch die Gemeinschaften wirklich handlungsfähig ist, sie auf die Gemeinschaften und deren Organe angewiesen ist, was ihre Kompetenzen betrifft.[200] So kann von Handlungen der Union nur dann gesprochen werden, wenn der Rat oder der Vorsitz die Befugnis hätten, den Organen der einzelnen Europäischen Gemeinschaften Weisungen zu erteilen.[201] Auch wird angeführt, dass sie keine Befugnisse hat, Verträge mit Drittstaaten oder internationalen Organisationen abzuschließen. Im Rahmen des Art 228 a EG-V nimmt sie wiederum die Gemeinschaften für erforderliche Sofortmaßnahmen nach außen in Anspruch.

Da nach Art M EU-V das Gemeinschaftsrecht durch den Unionsvertrag nicht geändert wird und unberührt bleibt, sofern nicht ausdrücklich anderes vorgesehen ist (diesbezügliche Bestimmungen finden sich in Titel II, III und IV des EU-V), ist von der Unabhängigkeit der Gemeinschaftsorgane auszugehen. Die drei Gemeinschaften bleiben rechtlich nach wie vor selbständig. Daran ist auch der Europäische Rat gebunden. Er kann nichts beschließen, was dem Gemeinschaftsrecht widerspricht, seine „Impulse" und „Orientierungen" gemäß Art D EU-V können von den Organen nur insoweit berücksichtigt werden, als sie

---

[198] So auch *Trüe*, Europa-Institut der Universität des Saarlandes (1997) Nr 357, 39. *Streinz* in *Hummer*, Die Europäische Union und Österreich, 29 (41), entnimmt dem lediglich eine politische Verbindlichkeit.

[199] *Müller-Graff*, CMLR 1994, 493 (509), der dies von der konkreten Art der Maßnahme abhängig macht. *Streinz* in *Hummer*, Die Europäische Union und Österreich, 29 (42) bejaht dies zumindest für die gemeinsamen Maßnahmen, da sie zur Durchführung bestimmt sind.

[200] *Oppermann* in *Hommelhoff/Kirchhof*, Der Staatenverbund der Europäischen Union (1994) 87 (90 und 93). Vgl dazu auch *Oppermann/Classen*, Die EG vor der Europäischen Union, NJW 1993, 5 (7), die von der Union als „rechtssubjektiv sehr beschränkt" sprechen.

[201] *Lecheler*, Der Rechtscharakter der „Europäischen Union" in *Ipsen et al (Hrsg)*, Verfassungsrecht im Wandel. Wiedervereinigung Deutschalnds, Deutschland in der Europäischen Union, Verfassungsstaat und Föderalismus: Zum 180jährigen Bestehen der Carl Heymanns Verlag KG (1995) 383 (393).

das Gemeinschaftsrecht respektieren.[202] Insbesondere kann er den Gemeinschaftsorganen keine Weisungen erteilen.[203] In diesem Sinne setzt das Gemeinschaftsrecht dem Europäischen Rat Grenzen, die sich in der mangelnden Bindungswirkung seiner Akte und Leitlinien äußern. So ist weder das Europäische Parlament verpflichtet, die Beschlüsse des Europäischen Rates als verbindlich anzuerkennen, noch ist die Kommission rechtlich dazu verpflichtet, wenngleich ihr Präsident an den Sitzungen des Europäischen Rates teilnimmt und dessen Beschlüsse beeinflussen kann. Auch für den Gerichtshof als unabhängigem Organ sind die Beschlüsse des Europäischen Rates nicht verbindlich. Unklar ist, inwieweit die Beschlüsse des Europäischen Rates für den Rat rechtlich verbindlich sind, wenngleich sie aufgrund der Zusammensetzung beider Organe übereinstimmen werden.[204] Die Wirkung der Beschlüsse des Europäischen Rates ist daher grundsätzlich in einer politischen Verbindlichkeit denn in einer rechtlichen zu sehen.[205] Zu berücksichtigen sind aber die schon erwähnten Ausnahmen in den Art J 3 Z 1 und Art J 8 Abs 2 EU-V, wo die Leitlinien des Europäischen Rates Grundlage und Voraussetzung für Beschlüsse des Rates sind. Dass die Union in mehrfacher Weise auf die Gemeinschaften angewiesen ist, wird auch in Art J 11 Abs 2 EU-V ersichtlich, wonach die Verwaltungsausgaben, die den Organen aus den Bestimmungen über die Gemeinsame Außen- und Sicherheitspolitik entstehen, zu Lasten des Haushalts der Europäischen Gemeinschaften gehen. Hier wird deutlich, dass die Union über kein Budget und keine Finanzhoheit verfügt.[206]

Aus der Kompetenzstruktur der Union ergeben sich für manche Autoren wesentliche Argumente gegen eine eigene Rechtspersönlichkeit der Union. Ihre vereinzelten Kompetenzen in Form von gemeinsamen Aktionen reichen zu deren Begründung nicht aus.

> „L'inexistence de compétences de l'Union permettant à ses organes, fût-ce au Conseil, d'accomplir sa mission marque négativement toute tentative de lui assigner une personnalité juridique. (...) Réduire la notion de personnalité juridique à des manifestations ponctuelles et

---

[202] *Everling*, EuR Beih 2/1995, 41 (45).
[203] *Everling*, DVBl 1993, 936 (940). So auch *Oppermann* in *Hommelhoff/Kirchhof*, Der Staatenverbund der Europäischen Union (1994) 87 (93).
[204] Vgl *Everling*, EuR 2/1995, 41 (45f); *ders*, CMLR 1992, 1053 (1062).
[205] *Streinz* in *Hummer*, Die Europäische Union und Österreich (1994) 29 (36).
[206] *Everling*, DVBl 1993, 936 (941).

infimes revient à affaiblir sa logique institutionnelle et à annuler totalement la ratio de sa consécration."[207]

d) Kompetenzen gegenüber Drittstaaten

Auf der Suche nach völkerrechtlichen Handlungskompetenzen im EU-V sind die eigenen Bereiche der Union, nämlich GASP und ZBJI näher zu betrachten. Nach *Köck/Fischer*[208] kann gar kein Zweifel sein, dass die Europäische Union nicht bloß im Bereich der ersten 'Säule', bestehend aus den drei Gemeinschaften, umfangreiche Rechte und Pflichten hat, sondern dass ihr solche auch in den Bereichen der zweiten und der dritten 'Säule' zukommen.

Im Rahmen der Gemeinsamen Außen- und Sicherheitspolitik kann der Rat, wie erwähnt, für die Union eine gemeinsame Aktion gemäß Art J 3 EU-V beschließen, die auch gemäß Abs 4 dieser Bestimmung für die Mitgliedstaaten bindend ist. Nach Art J 2 EU-V "tragen die Mitgliedstaaten dafür Sorge, dass ihre einzelstaatliche Politik mit den gemeinsamen Standpunkten im Einklang steht".

Wenn eine außenpolitische Maßnahme der Union nach Art J beschlossen ist und durchgeführt wird, könnte man davon ausgehen, dass die Union eine Kompetenz ausgeübt hat.[209] Im Rahmen des Art J 3 Abs 1, 2. Unterabsatz EU-V könnte eine gemeinsame Aktion auch Grundlage für den Abschluss eines völkerrechtlichen Vertrages sein, und es könnte insofern zu einem internationalen Auftreten der Union kommen.[210] Um mit *Dörr* zu sprechen, könnte der Abschluss völkerrechtlicher Verträge durch die Europäische Union selbst zu einem Mittel für die Durchführung einer gemeinsamen Aktion werden. Praktisches Beispiel in

---

[207] „Die Inexistenz von Kompetenzen der Union, die es ihren Organen, etwa dem Rat, erlauben, ihre Mission zu erfüllen, kennzeichnet im negativen Sinn jeden Versuch, ihr eine Rechtspersönlichkeit zuzuweisen. (...) Den Begriff der Rechtspersönlichkeit auf punktuelle und winzig kleine Hinweise zu reduzieren, würde bedeuten, ihre institutionelle Logik zu schwächen und die ratio ihrer Verankerung zur Gänze zunichte zu machen", *Pliakos*, RTDE 1993, 187 (213).

[208] *Köck/Fischer*, Das Recht der Internationalen Organisationen³ (1997) 571. Vgl auch *Köck/Fischer*, The European Union on the International Scene (Linz 1996) 55 f.

[209] So etwa *Ress*, EuR 2/1995, 27 (30, Anm 14), der dies nicht nur aus der Rechtsordnung der EU, sondern auch aus der Sicht von Drittstaaten begründet.

[210] Vgl *Dörr*, EuR 4/1995, 334 (343), der dies allerdings unter Berufung aus Art 31 Abs 3 b) WVRK einer späteren Praxis und zukünftigen Entwicklung vorbehalten will, und sich insofern zunächst in die oben erwähnte abwartende Haltung begibt.

diese Richtung ist das internationale Abkommen über die Verwaltung der Stadt Mostar, welches auf einer gemeinsamen Aktion beruhte. Darauf soll im Folgenden noch näher eingegangen werden.

Art J 3 Z 3 EU-V lässt den Schluss zu, dass eine einmal angenommene gemeinsame Aktion nur von seiten des Rates wieder geändert werden kann.[211] Selbst wenn eine Änderung der Umstände mit erheblichen Auswirkungen auf eine Angelegenheit, die Gegenstand einer gemeinsamen Aktion ist, eintritt, obliegt es dem Rat die Grundsätze und Ziele dieser Aktion zu überprüfen und die erforderlichen Entscheidungen zu treffen. Auch Art J 1 Abs 4 EU-V, der eine allgemeine Loyalitäts- und Solidaritätsverpflichtung der Mitgliedstaaten vorsieht, könnte als Hinweis auf den bindenden Charakter von Entscheidungen im Rahmen der gemeinsamen Außen- und Sicherheitspolitik verstanden werden.

Einen weiteren Anhaltspunkt für eine Kompetenz der Union nach außen könnte Art J 5 EU-V darstellen. Danach vertritt der Vorsitz 'die Union' in Angelegenheiten der Außen- und Sicherheitspolitik, ist zur Durchführung gemeinsamer Aktionen verantwortlich und legt den Standpunkt der Union auf internationaler Ebene dar. Dies könnte a priori für ein Handeln der Union sprechen. In der Lehre wird nun allerdings darauf hingewiesen, dass es problematisch ist, hier eine eigene völkerrechtliche Handlungskompetenz der Union zu sehen. Denn zunächst ist lediglich von einer Organkompetenz des Vorsitzes die Rede und noch nichts über eine Kompetenz der Union als solcher gesagt. Ohne eine nach außen gerichtete Verbandskompetenz der Union kann auch die Organkompetenz nicht zu völkerrechtlichen Befugnissen verhelfen.[212] Ausserdem verdient Abs 4 dieser Vorschrift Beachtung. Ist es nach Abs 1 noch die Aufgabe des Vorsitzes den Standpunkt der Union in internationalen Organisationen und auf internationalen Konferenzen darzulegen, so scheint Abs 4 davon eine Ausnahme zu machen. Wenn nämlich einige Mitgliedstaaten nicht zu einer Internationalen Organisation oder einem Organ dieser Organisation gehören, wie dies beim Sicherheitsrat der Vereinten Nationen der Fall ist (Art J 5 Abs 4 EU-V), verbleibt die Kompetenz hinsichtlich der Vertretung der Standpunkte und Interessen der Union bei denjenigen Mitgliedstaaten, die eben Mitglieder sind. So gesehen könnte man davon ausgehen, dass die Vertragsparteien von einem Fortbestehen ihrer eigenen mitgliedstaatlichen Zuständigkeit ausgingen, welche nicht durch eine entprechende Kompetenz der Union ersetzt wurde, nach der die

---

[211] Vgl *Wessel*, EurForAffRev 2/1997, 109 (119).
[212] So *Dörr*, EuR 4/1995, 334 (342).

Union selbst völkerrechtliche Kompetenzen ausüben sollte.[213] Aufgrund dieser Erwägungen lässt sich zugegebenermaßen die Frage stellen, warum hier plötzlich Abstimmungs- und Unterrichtungspflichten der Mitgliedstaaten normiert werden. Darin muss aber nicht unbedingt ein Widerpruch oder eine Unvereinbarkeit mit Abs 1 liegen. Es spricht von vornherein wenig dagegen, warum nicht die Mitgliedstaaten auch ohne die Union handeln können sollten. Jedenfalls ist aber festzuhalten, dass nach Abs 1 die Union als solche vom Vorsitz nach außen vertreten wird. In diesem Fall werden die Erklärungen im Namen der Union abgegeben und dieser auch zugerechnet. Die Vertretungsregelung des Art J 5 Abs 1 EU-V gibt nur dann einen Sinn, wenn die Union als solche Befugnisse hat, bei deren Ausübung sie vertreten werden muss.

Ebenfalls im Bereich der Gemeinsamen Außen- und Sicherheitspolitik wird die Zusammenarbeit der Union mit der Westeuropäischen Union geregelt. Art J 4 Abs 2 des Maastrichter Unionsvertrages sieht vor, dass die Union die WEU ersucht, die Entscheidungen und Aktionen der Union, die verteidigungspolitische Bezüge haben, auszuarbeiten und durchzuführen. Es kann bezweifelt werden, dass durch das Ersuchen an ein Völkerrechtssubjekt, nämlich der WEU, die Union selbst zum Völkerrechtssubjekt wird.[214] Dennoch kann man hier bei formeller Betrachtung einen Ansatzpunkt für eine Ermächtigung der Union zum Vertragsschluss mit einem Völkerrechtssubjekt erkennen. Denn für das mit dem Ersuchen verfolgte Ziel, nämlich das stellvertretende Handeln der WEU für die Union, bedarf es eines Einvernehmens mit der WEU. Dies sieht Art J 4 Abs 2 Satz 2 ausdrücklich vor. Ein solcher Akt einer Kooperation zwischen der Union und der WEU wird wohl die Form eines internationalen Übereinkommens haben. Dafür spricht auch ein Dokument, auf das *Wessel*[215] zutreffend verweist. Am 29. Oktober 1993 unterzeichnete der Europäische Rat ein Dokument über die Beziehungen zwischen der Union und der WEU, das danach vom Rat der Union und dem WEU-Rat angenommen wurde. In diesem Dokument[216] vereinbarten beide Organisationen einige Möglichkeiten und Voraussetzungen, in denen die Union ein Ersuchen an die WEU stellen könnte und trafen weitere Verabredungen über die Durchführung ihrer Kooperation. Daraus lassen sich wesentliche Ansatzpunkte für eine internationale Rechtsfähigkeit der Union ableiten, denn:

---

[213] *Streinz* in *Hummer*, Die Europäische Union und Österreich, 29 (34).
[214] Vgl *Schroeder* in *Hummer/Schweitzer*, Österreich und das Recht der Europäischen Union, 3 (13).
[215] *Wessel*, EurForAffRev 2/1997, 109 (127).
[216] Dokument 1412 des Rates der Westeuropäischen Union, 8. April 1994.

> „Since on the basis of this document both organisations are under the clear obligation to work together in explicitly indicated areas, it is hard not to consider this document as an international agreement."[217]

Problematisch könnte allerdings sein, ob hier wirklich eine Kompetenz der Union nach außen vorliegt, da Art J 4 Abs 2 EU-V von der WEU als integralem Bestandteil der Entwicklung der Union spricht. Dies könnte auf ein internes Verhältnis zwischen diesen beiden Verbänden deuten.[218]

Im Rahmen der Kooperation zwischen der Union und der WEU ist die Verwaltung der Stadt Mostar zu erwähnen, die am 5. Juli 1994 in Genf von der EU-Troika unterzeichnet[219] und nach zweijähriger Dauer am 22. Juli 1996 offziell beendet wurde. Dieser Vertragsschluss stellt eine internationale Vereinbarung dar:

> "Die Vereinbarung über die Verwaltung von Mostar ist eine internationale Vereinbarung, die von der Präsidentschaft der Europäischen Union und der Westeuropäischen Union (WEU) sowie von den Behörden der Republik Bosnien und Herzegowina und der bosnisch-kroatischen Föderation, der Gemeindeverwaltung von Ostmostar und Westmostar sowie von den Vertretern der bosnischen Kroaten unterzeichnet werden muss."[220]

Grundlage dieser Vereinbarung bildete eine vom Rat der Europäischen Union beschlossene 'gemeinsame Aktion' im Rahmen der Außen- und Sicherheitspolitik der Union gemäß Art J 3 EU-V.[221] Das Übereinkommen selbst stand unter dem Titel 'Für die Mitgliedstaaten der Union im Rahmen der Union handelnd unter

---

[217] *Wessel*, EurForAffRev 2/1997, 109 (127).

[218] Siehe *Dörr*, EuR 4/1995, 334 (342), der demzufolge von einer partiellen Völkerrechtssubjektivität der Union als vorübergehenden Status unter der auflösenden Bedingung einer weiteren Intergration der WEU ausgeht. Vgl in diesem Zusammenhang die durch den Amsterdamer Vertrag eingeführte Bestimmung des Art 17 Abs 1 EU-V/Amsterdam, wonach die Union engere institutionelle Beziehungen zur WEU im Hinblick auf die Möglichkeit einer Integration der WEU in die Union fördere.

[219] BullEU 7/8-1994, Z 1.3.2.

[220] BullEU 6-1994, Z 1.3.6.

[221] Beschluss des Rates 93/603/GASP über die vom Rat aufgrund von Art J 3 des Vertrages über die Eurpäische Union beschlossene gemeinsame Aktion zur Unterstützung der Beförderung der humanitären Hilfe in Bosnien-Herzegowina vom 8. 11. 1993, ABl 1993, Nr L 286, 1.

Beteiligung der Kommission'[222]. Angenommen wurde der Vertrag allerdings vom Rat und unterzeichnet von der Ratspräsidentschaft. Die Union als solche ist nicht Vertragspartei. Die Tatsache, dass die Mitgliedstaaten Partei dieses Abkommens sind, spricht aber nicht von vornherein gegen eine Völkerrechtsfähigkeit oder Vertragsschlussfähigkeit der Union. Denn das Übereinkommen wurde auch von den Mitgliedstaaten der WEU unterzeichnet, obwohl die WEU als solche die Fähigkeit zum Abschluss internationaler Übereinkommen hat.[223] Darüberhinaus ist im übrigen Text des Abkommens die Union als die verantwortlich Handelnde dargestellt, was den Schluss zulässt, dass mögliche Ansprüche oder Forderungen an die Union zu richten wären und nicht an die einzelnen fünfzehn Mitgliedstaaten. Dafür spricht auch, dass das Ersuchen, die Verwaltung Mostars zu übernehmen, an die Union gestellt wurde, dem von der Union entsandten Personal Diplomatenstatus gewährt wurde, sowie der Rat die Befugnis hatte, einen EU-Verwalter zu ernennen, der Hoheitsgewalt ausüben konnte.[224] Wenn sich somit aus dem Abkommen nicht eindeutig die Völkerrechtsfähigkeit der Union ableiten lässt, so kann doch zumindest eine gewisse eigenständige internationale Stellung der Union ausgemacht werden. Schon *Isak*[225] hat zu Recht gefragt, ob in der Beteiligung der Union an dieser "internationalen Vereinbarung " schon eine implizite Anerkennung der Union als Völkerrechtssubjekt gesehen werden darf.

---

[222] Bei *Schroeder* in *Hummer/Schweitzer*, Österreich und das Recht der Europäischen Union, 3 (17) und *Wessel*, EurForAffRev 2/1997, 109 (127).

[223] Vgl *Wessel*, EurForAffRev 2/1997, 109 (127). vgl. dazu *Seidl-Hohenveldern/Loibl*, Recht der Internationalen Organisationen[6] (1996) Rn 0317, die die Möglichkeit beschreiben, dass Mitgliedstaaten eine völkerrechtsfähige Organisation beauftragen können, einen Vertrag als ihr Bevollmächtigter auszuhandeln und abzuschließen. Die Organisation handelt dann nicht kraft ihrer eigenen Vertragsschlussbefugnis, sondern aufgrund derjenigen ihrer Mitglieder; (Hinweis bei *Schroeder*, 17).

[224] Vgl *Schroeder* in *Hummer/Schweitzer*, Österreich und das Recht der Europäischen Union, 3 (17); siehe auch *Jörg Monar*, Mostar: Three Lessons for the European Union, Editorial Comment, EurForAffRev 2/1997, 1-5.

[225] *Hubert Isak*, Überlegungen zu einigen Rechts- und Strukturfragen der Europäischen Union, AJPIL 1995, 315 (325).

e) Exkurs: Das deutsche Bundesverfassungsgericht zu Kompetenzen und Rechtspersönlichkeit

Das deutsche Bundesverfassungsgericht hat sich in seinem sog 'Maastricht-Urteil'[226] auch zur Rechtspersönlichkeit der Europäischen Union geäußert. Nach einer ausdrücklichen Betonung des Prinzips der begrenzten Einzelermächtigung stellt es im Rahmen der Auslegung des Art F Abs 3 EU-V[227] fest:

> „Gegen die Begründung einer Kompetenz-Kompetenz der Union durch Art F Abs 3 EU-V spricht bereits, dass der EU-Vertrag an keiner Stelle den übereinstimmenden Willen der Vertragsparteien erkennbar werden lässt, mit der Union ein selbständiges Rechtssubjekt zu gründen, das Träger eigener Kompetenzen sein soll. Die Union besitzt nach Auffassung der Bundesregierung weder im Verhältnis zu den Europäischen Gemeinschaften noch zu den Mitgliedstaaten eine gesonderte Rechtspersönlichkeit."[228]

Und in Bezug auf die Vertrags-Zielbestimmungen des Art B EU-V fährt das Gericht fort:

> „Der EU-Vertrag versteht hier die Union nicht als eigenständiges Rechtssubjekt, sondern als Bezeichnung für die gemeinsam handelnden Mitgliedstaaten; diese geben der Union Ziele und Mittel vertraglich vor."[229]

Die Karlsruher Richter gingen in ihrer rechtlichen Qualifikation der Union davon aus, dass es sich um einen auf völkerrechtlicher Vertragsgrundlage beruhenden Staatenverbund ohne Kompetenz-Kompetenz zur Erweiterung seiner Aufgaben und Befugnisse handelt.[230] Und sie betonten damit, dass nicht die Gründung eines

---

[226] Entscheidung des BVerfG zur Verfassungsmäßigkeit des Zustimmungsgesetzes zum Vertrag von Maastricht vom 12. Okt 1993, E 89/155, abgedruckt in NJW 1993, 3047.

[227] „Die Union stattet sich mit den Mitteln aus, die zum Erreichen ihrer Ziele und zur Durchführung ihrer Politiken erforderlich sind".

[228] BVerfGE 89/155 vom 12. Oktober 1993, C.II.2 b b1).

[229] Ibid C.II.2 b b2).

[230] *Steinberger*, Anmerkungen zum Maastricht-Urteil des Bundesverfassungsgerichts, in *Hommelhoff/Kirchhof*, Der Staatenverbund der Europäischen Union, 25 (28).

europäischen Staates vereinbart worden sei, sondern die Begründung von Völkerrechtsverbindlichkeiten unter selbständig bleibenden Staaten.[231]

Die Reaktionen im Schrifttum auf diese rechtliche Qualifikation der Union sind teils zustimmend[232], teils ablehnend[233]; kritisch betrachtet werden vor allem die Aussagen des Gerichts zu Aufgaben und Befugnissen der Union und ihrer Gemeinschaften sowie der Kompetenzgrenze zwischen der Union und ihren Mitgliedstaaten.[234]

Der Gerichtshof hebt das Prinzip der begrenzten Einzelermächtigung ('le principe des compétences d'attribution') ausdrücklich hervor, dem sowohl EU- als auch EG-Vertrag folgen. Dieser Grundsatz bedeutet, dass die Organe der Union nur tätig werden, wenn und soweit eine vertragliche Ermächtigungsnorm ihnen Kompetenzen und Befugnisse verleiht. Die Union ist in ihren Aufgaben und Möglichkeiten demnach durch die Vorgaben des Primärrechts limitiert. Diese Begrenztheit des Tätigwerdens der Union findet seinen Ausdruck etwa in Art B letzter Absatz EU-V, wonach die Ziele der Union 'nach Maßgabe dieses Vertrages verwirklicht werden'. Eine entsprechende Bestätigung findet sich für das Handeln der Organe in Art E EU-V bzw in Art 4 EG-V. Das Bundesverfassungsgericht fordert nun eine (restriktive) vertragstreue Respektierung der Kompetenzgrenzen der Union bzw der Gemeinschaften. Demnach sind die Aufgaben und Befugnisse der Union im Vertrag in umgrenzten Tatbeständen beschrieben, so dass ein Schluss von der Aufgabe auf die Befugnis nicht zulässig ist:

> „Nach diesem Grundsatz kann zwar eine einzelne Bestimmung, die Aufgaben oder Befugnisse zuweist, mit Blick auf die Vertragsziele ausgelegt werden; das Vertragsziel selbst genügt jedoch nicht, um Aufgaben und Befugnisse zu begründen oder zu erweitern."[235]

---

[231] *Paul Kirchhof*, Das Maastricht-Urteil des Bundesverfassungsgerichts, in *Hommelhoff/Kirchhof*, Der Staatenverbund der Europäischen Union, 11 (12).

[232] *Hans Peter Ipsen*, Zehn Glossen zum Maastricht-Urteil, EuR 1/1994, 1 (7).

[233] *Ress*, EuR Beih 2/1995, 27 (30f): „Diese Art der Begründung vermag nicht zu überzeugen. (...) Für die Auslegung von Art F Abs 3 EU-V lässt sich aus der Frage, ob die Europäische Union eine juristische Person und damit 'Träger eigener Kompetenzen' ist oder nicht ist, nichts herleiten."

[234] Siehe *Tomuschat*, EuGRZ 1993, 489 (494).

[235] BVerfGE 89/155, C.II. 3 b).

Das Gericht bestätigt also, dass Vertragszielbestimmungen, wie die weitgreifenden Zielbestimmungen der Präambel und des Art B EU-V, selbst keine integrierten Aufgaben und Befugnisse begründen oder erweitern können,[236] und fährt sodann fort:

> „Wenn eine dynamische Erweiterung der bestehenden Verträge sich bisher auf eine großzügige Handhabung des Art 235 EWGV im Sinne einer „Vertragsabrundungskompetenz", auf den Gedanken der inhärenten Zuständigkeiten der Europäischen Gemeinschaften („implied powers") und auf eine Vertragsauslegung im Sinne einer größtmöglichen Ausschöpfung der Gemeinschaftsbefugnisse („effet utile") gestützt hat, so wird in Zukunft bei der Auslegung von Befugnisnormen (...) zu beachten sein, dass der EU-Vertrag grundsätzlich zwischen der Wahrnehmung einer begrenzt eingeräumten Hoheitsbefugnis und der Vertragsänderung unterscheidet, seine Auslegung deshalb in ihrem Ergebnis nicht einer Vertragserweiterung gleichkommen darf; eine solche Auslegung von Befugnisnormen würde für Deutschland keine Bindungswirkung entfalten."[237]

Gerade diese Aussagen des deutschen Höchstgerichts, die erkennbar an den EuGH gerichtet werden[238], sind nun für manche Autoren zu weitgehend.[239] So wird auf eine integrationsfreundliche Weiterentwicklung des Rechts der Union verwiesen. Dazu sei eben eine flexible Handhabung der Normen mit juristisch anerkannten Techniken nötig, wozu auch in einem mitgliedstaatlich gegliederten, föderalen System eines Staatenverbundes eine implied powers-Doktrin gehöre.[240] Und die Bedeutung des Grundsatzes vom 'effet utile' liege überdies nicht darin, die Gemeinschaftskompetenzen weitestmöglich auszudehnen (so das BVerfG), sondern die Vertragsbestimmungen so auszulegen, dass sie den ihnen zugewiesenen Zweck erreichen und nicht leerlaufen. Deshalb seien Art 235 EWGV, die implied-powers-Doktrin und die effet-utile Maxime notwendige und

---

[236] Vgl *Ipsen*, EuR 1/1994, 1 (3).
[237] Ibid C.II. 3 b).
[238] Vgl *Ipsen*, EuR 1/1994, 1 (3). *Lecheler*, ArchVR 1994, 1 (18), spricht von einer „verfassungsrechtlichen Drohung". Es wird die Auffassung vertreten, dass der EuGH fallweise zu integrationsfreundlich den Umfang der begrenzten Ermächtigung im Sinne einer teleologischen, 'dynamischen' Interpretation von Befugnisnormen ausgeweitet hat; vgl dazu auch *Tomuschat*, EuGRZ 1993, 489 (494).
[239] *Steinberger* in *Hommelhoff/Kirchhof*, Der Staatenverbund der Europäischen Union, 25 (31).
[240] Ibid 31.

legitime Bestandteile der Gemeinschaftsordnung, damit das Normensystem einer so weitgespannten Integrationsgemeinschaft nicht blockiert wird.[241] Und es stellt sich die Frage, ob nicht der Grundsatz der 'begrenzten Kompetenz' in seiner Bedeutung für die Kompetenzwahrung der Migliedstaaten überschätzt wird.[242]

Ist die Lehre von den implied powers im Rahmen des Gemeinschaftsrechts allgemein anerkannt, so stellt sich die Frage, welche Bedeutung diesem Auslegungsgrundsatz im Rahmen der Union zukommt, deren Kompetenzregelungen weit weniger ausgestaltet sind, als die der Gemeinschaften. Die Befürchtungen des Bundesverfassungsgerichts vor einer extensiven, lediglich zielorientierten Auslegung, die zu Kompetenzausweitungen führen kann, manifestiert sich in der Feststellung, dass das Vertragsziel selbst nicht genügt, um Aufgaben und Befugnisse zu begründen oder zu erweitern und Art F Abs 3 EU-V keine Handlungsermächtigung darstellt. Und das Gericht scheint sich damit vor allem gegen nebengeordnete implied powers der Union auszusprechen. Ein Hinweis auf ebensolche implizite Kompetenzen könnte allerdings in Art F Abs 3 EU-V erblickt werden, wonach sich die Union mit den Mitteln ausstattet, die zum Erreichen ihrer Ziele und zur Durchführung ihrer Politiken erforderlich sind.

f) Völkerrechtspersönlichkeit kraft implied powers?

Es ist herrschende Ansicht, dass die ausdrückliche Verleihung der Völkerrechtspersönlichkeit einer Internationalen Organisation nicht unbedingt erforderlich ist. Vielmehr kann eine solche auch aufgrund von implied powers aus dem Gründungsvertrag abgeleitet werden. Somit könnte die Europäische Union auch kraft implied powers Völkerrechtssubjekt sein.[243]

Im Rahmen der auf das US-amerikanische Verfassungsrecht zurückgehenden, aber im Bereich des Völkerrechts entscheidend ausgestalteten Lehre von den

---

[241] Ibid 31.
[242] Zutreffend *Lecheler*, ArchVR 1994, 1 (22).
[243] *Seidl-Hohenveldern/Loibl*, Recht der Internationalen Organisationen[6] (1996) Rn 0119e. *Schroeder* in *Hummer/Schweitzer*, Österreich und das Recht der Europäischen Union 3 (16), argumentiert unter Berufung auf den IGH, dass die in Art B und J.1 EUV definierten Ziele der Union nur wirksam umgesetzt werden können, wenn diese auch völkerrechts- und handlungsfähig sei.

Implied Powers, werden zwei Formen solcher impliziten Kompetenzen unterschieden. Sogenannte untergeordnete implied powers, welche auf ausdrücklichen Kompetenzen basieren und diese im Lichte der Ziele und Zwecke der Organisation näher ausgestalten, und nebengeordnete implied powers, welche bloß auf die Ziele und Zwecke der Organisation gestützt werden.[244]

Im Zusammenhang mit der bereits angesprochenen Frage nach implied powers der Union weist *Stadlmeier*[245] darauf hin, dass der Unionsvertrag zwar umfassende Zielbestimmungen enthält, aber wenig konkrete Befugnisse vorsieht, und bringt insofern die Schlussfolgerungen des IGH im *Reparation for Injuries*-Gutachten[246] ins Spiel. Der IGH hat in diesem Gutachten mit dem Zwischenschritt der 'international personality' argumentiert. Er schloss von ausdrücklichen Kompetenzen auf die Rechtspersönlichkeit und erst dann (von dieser) auf weitere Kompetenzen unter Zugrundelegung der Satzungsziele. Dagegen forderte Hackworth in seiner dissenting opinion den notwendigen Konnex mit ausdrücklichen Kompetenzen ein, also den Schluss von bestehenden Befugnissen auf solche, die im Lichte der Vertragsziele implizit eingeschlossen sein müssen.

Für *Stadlmeier* ist dieser enge Ansatz, der konkrete Befugnisse als Implikationsbasis für implied powers braucht, im Falle der Union insofern problematisch, als der Unionsvertrag, wie erwähnt, zahlreiche Zielbestimmungen, etwa in Art B, Art J 1 und Art K 1 EU-V enthält, aber wenig eigene Befugnisse, die als Grundlage für implied powers dienen könnten. Nur wenn neben die Organleihe auch noch eine sogenannte 'Kompetenzleihe' trete, wenn die Organe der Gemeinschaften ihre Befugnisse aus den Gemeinschaftsverträgen zur Besorgung der Angelegenheiten der Union mitnehmen würden, könne man in Art F Abs 3 EU-V einen Hinweis auf nebengeordnete implied powers erblicken.[247]

Ein ähnlicher Ansatz wie der des IGH, welcher der als Rechtsperson erkannten Organisation weitere Kompetenzen zum Erreichen ihrer Ziele zuerkannte,

---

[244] Vgl *Fischer/Köck*, Europarecht³ (1997) 349; *Köck*, Die „implied powers" der Europäischen Gemeinschaften als Anwendungsfall der „implied powers" internationaler Organisationen überhaupt, in *Böckstiegel/Folz/Mössner/Zemanek (Hrsg)*, Völkerrecht, Recht der internationalen Organisationen, Weltwirtschaftsrecht. Festschrift für Ignaz Seidl-Hohenveldern, (Köln 1988) 279 (290 ff).

[245] *Sigmar Stadlmeier*, Die „Implied Powers" der Europäischen Gemeinschaften, ZÖR 1997, 353 (385).

[246] CIJ Recueil 1949, 174.

[247] Ibid 386.

scheitert nach *Stadlmeier* an der mangelnden Rechtspersönlichkeit der Union. Denn weder der Wille der Vertragsparteien noch der objektive Befund, wie die äußerst rudimentäre Organisations- und Kompetenzstruktur, ließen einen Schluss auf eine eigene Rechtspersönlichkeit zu; die Union sei eben über weite Strecken das, was die UNO nach der Ansicht des IGH in *Reparation for Injuries* gerade nicht war: eine bloße Koordinierungsstelle der Mitgliedstaaten.[248] So gesehen ist dann Art F Abs 3 EU-V nicht mehr als ein Programmsatz für die nächste Vertragsrevision.[249]

g) "Personnalité embryonnaire" und nachfolgende Praxis

Was die Völkerrechtspersönlichkeit der Union nach dem Vertrag von Maastricht betrifft, herrscht, wie oben ausgeführt, im Schrifttum Uneinigkeit. Meist werden Anzeichen für eine Rechtspersönlichkeit erkannt und auch überzeugende Argumente vorgebracht, aber dann doch wieder auf die zukünftige internationale Praxis verwiesen, die noch abzuwarten ist. Dies kommt ganz deutlich zum Ausdruck, wenn die Union als (partielles) Völkerrechtssubjekt in statu nascendi bezeichnet wird.[250] Die rudimentäre Organstruktur und bloß einzelne eigene Kompetenzen der Union, die zudem oft in Anlehnung an die Gemeinschaften ausgeübt werden, werden noch zurecht als Argumente gegen eine (bereits bestehende) Rechtspersönlichkeit angeführt. Jene Ansätze in der Wissenschaft, die für eine Rechtspersönlichkeit der Union sprechen, konnten sich in der Lehre nicht endgültig durchsetzen. Geht man aber davon aus, dass doch zumindest eine bestimmte Entwicklung in Ansätzen erkennbar ist, so präsentiert sich die Union nach Maastricht dennoch als völkerrechtliches Gebilde, das eben noch im Entstehen begriffen ist, mit der sichtbaren Tendenz zur Weiterentwicklung:

---

[248] Ibid 386.

[249] Ibid 386; vgl auch das BVerfG, welches in Art F Abs 3 EU-V lediglich die politisch-programmatische Absicht bekundet sieht, dass die - die Union bildenden - Mitgliedstaaten in den jeweils dazu erforderlichen Verfahren die Union mit hinreichenden Mitteln ausstatten wollen, BVerfGE 89/155, C. II. 2. b).

[250] So *Dörr*, EuR 4/1995, 334 (343) und *Schroeder* in *Hummer/Schweitzer*, Österreich und das Recht der Europäischen Union, 3 (16).

> „Il semble bien difficile, dans l'etat actuel, d'arriver à une autre conclusion que celle de l'existence d'une personnalité embryonnaire de l'Union européenne."[251]

Wenn die Union erst über geringe Kompetenzen verfügt, die zugegebenermaßen unpräzise und offen formuliert sein mögen und nicht ausreichend erscheinen, ihre Völkerrechtssubjektivität zu bejahen, dann verdient vor allem unter dem Aspekt der Weiterentwicklung die nachfolgende übereinstimmende Praxis[252] eine besondere Beachtung. Gerade der treffende Begriff der "personnalité embryonnaire" lenkt den Blick auf das nachfolgende Handeln der Mitgliedstaaten und der Unionsorgane. Auch der Maastrichter Unionsvertrag ist nicht der Endpunkt einer Entwicklung, sondern stellt vielmehr den damaligen status quo des sich ständig in Fluss befindlichen Integrationsprozesses[253] dar, und ist daher auch auf Weiterentwicklung ausgerichtet. Diese Fortentwicklung durch die Praxis gilt es auch und gerade bei einer dynamischen[254] Auslegung des EU-Vertrages miteinzubeziehen. Allein auf den historischen (objektiven) Willen der Mitgliedstaaten abzustellen würde die Interpretation des Vertrages zu sehr einschränken. Dafür sprechen auch die Auslegungsgrundsätze, die in der Wiener Vertragsrechtskonvention festgehalten sind. Nach Art 31 Abs 3 b) WVRK ist außer dem in den Abs 1 und 2 umschriebenen Zusammenhang in gleicher Weise jede spätere Übung bei der Anwendung des Vertrages zu berücksichtigen, aus der die Übereinstimmung der Vertragsparteien über seine Auslegung hervorgeht. Die nachfolgende Praxis der Unionsorgane könnte den Konsens der Mitgliedstaaten über den tatsächlichen Umfang der Kompetenzen und insbesondere über ein rechtsförmliches internationales Auftreten der Union[255] als solcher erkennen lassen.

In diesem Zusammenhang ist zunächst auf die oben bereits angeführten Vereinbarungen hinzuweisen, welche die Union mit der WEU geschlossen hat. Solche Vereinbarungen von Voraussetzungen, unter denen die WEU für die

---

[251] „Es scheint recht schwierig, im gegenwärtigen Zustand eine andere Schlussfolgerung zu ziehen, als diejenige der Existenz einer embryonalen Persönlichkeit der europäischen Union", *Joel Rideau*, Droit institutionnel de l'Union et des Communautés européennes (1994) 213.

[252] Vgl dazu *Hugo Hahn*, Der Vertrag von Maastricht als völkerrechtliche Übereinkunft und Verfassung (1992) 37 f, der die Frage, ob die EU nach Sinn und Zweck der Übereinkunft ein neues Völkerrechtssubjekt mit einschlägiger Rechts- und Handlungsfähigkeit darstellt, von der künftigen Praxis der Gemeinschaftsorgane und der Mitgliedstaaten abhängig machen will.

[253] *Huber* in FS Heymanns Verlag, 349 (359).

[254] Vgl *Trüe*, Europa-Institut der Universität des Saarlandes (1997) Nr 357, 50 ff.

[255] *Dörr*, EuR 4/1995, 334 (343).

Union tätig werden soll, sind als völkerrechtliche Verträge anzusehen.[256] Weiters ist hier die Übernahme der Verwaltung der Stadt Mostar durch die Union zu nennen. Doch auch die Betritte zur Union gemäß Art O EU-V geben Anhaltspunkte, dass die Union als selbständige Handlungseinheit zu agieren beginnt. So wurde in den Beitrittsverträgen mit Österreich, Schweden und Finnland formuliert, dass diese Staaten Mitglieder der Europäischen Union und Vertragsparteien der die Union begründenden Verträge werden.[257] Daraus lässt sich ableiten, dass diese Staaten nicht nur den einzelnen Gemeinschaften (wie früher gemäß Art 237 EGV), sondern eben auch der Union als solcher beigetreten sind.

Schließlich scheint auch der Rat der Union davon auszugehen, dass die Union internationale Verpflichtungen übernehmen kann. In der sog dual-use-Verordnung[258] begründet der Rat die Schaffung eines Ausfuhrkontrollsystems für Güter mit doppeltem Verwendungszweck damit, dass dies erforderlich sei, "damit die internationalen Verpflichtungen der Mitgliedstaaten und der Europäischen Union (...) eingehalten werden." Der Rat bezieht sich somit ausdrücklich auf die Union und gesteht ihr eigene völkerrechtliche Verpflichtungen zu. Weiters ist noch auf formaler Ebene darauf hinzuweisen, dass die offizielle Bezeichnung der europäischen Organe dahin geändert wurde, dass sich der Rat als "Rat der Europäischen Union" bezeichnet und die Kommission den Namen "Europäische Kommission" führt. Zugleich wurde aber darauf hingwiesen, dass die Bezeichnung Kommission der Europäischen Gemeinschaften als die juristisch richtige bestehen bleibe.[259] Eine gewisse Tendenz ist auch hier erkennbar.

Die Beachtung des nachträglichen Handelns erscheint vor allem aus der Sicht von Drittstaaten relevant. Es stellt sich die Frage, ob Dritte die Tätigkeit der Union nach außen als rechtswirksam anerkannt haben. Insofern könnte sich in der Praxis der Wille der Mitgliedstaaten manifestieren, dass die Union doch schon hinreichend fortgeschritten ist, um zumindest teilweise als rechtlich selbständig

---

[256] So auch *Trüe*, Europa-Institut der Universität des Saarlandes (1997) Nr 357, 55 f, mit dem Hinweis, dass in Art J 4 eine Ratifikation durch die Mitgliedstaaten nicht vorgesehen ist, und folglich die EU selbst gehandelt haben muss.

[257] Bei *Ress*, EuR Beih 2/1995, 27 und *Schroeder* in *Hummer/Schweitzer*, Österreich und das Recht der Europäischen Union, 3 (17).

[258] 3. Begründungserwägung der Verordnung Nr 3381/91 des Rates vom 19. 12. 1994 über eine Gemeinschaftsregelung der Ausfuhrkontrolle von Gütern mit doppeltem Verwendungszweck, ABl 1994, Nr L 367, 1.

[259] Vgl EuZW 1994, 33 (34). Für die Kommission wird dies mit Hinweis auf Art 9 FusionsV festgestellt, der durch den EU-V nicht geändert wurde.

und somit völkerrechtsfähig angesehen zu werden.[260] Für das Handeln der Union nach außen ist die übereinstimmende nachfolgende Praxis von besonderer Bedeutung. Sie schafft für Drittstaaten Rechtssicherheit.[261]

Die Interpretation und Auslegung des Vertrages im Sinne des Art 31 WVRK ist allerdings von einer Änderung des Vertrages abzugrenzen.[262]

2. Amsterdam-EU

a) Les Travaux Préparatoires

Der Weg vom Maastrichter zum Amsterdamer Vertragswerk ist, was die Rechtspersönlichkeit der Union betrifft, geprägt von mehreren Vorschlägen, die Union mit einer internationalen Rechtsfähigkeit auszustatten.

Der erste diesbezügliche Anhaltspunkt findet sich im Entwurf des Institutionellen Ausschusses des Europäischen Parlaments für eine Verfassung der Europäischen Union vom 10. Februar 1994.[263] Im Bewusstsein seiner Verantwortung für die Bürger der Union forderte das Europäische Parlament ein 'basic law', das die Rechte der Bürger und deren Kontrolle über die Institutionen garantieren, und

---

[260] Vgl für eine solch konstitutive Bedeutung der nachfolgenden Praxis schon jetzt insbesondere *Trüe*, Europa-Institut der Universität des Saarlandes (1997) Nr 357, 49; *Schroeder* in *Hummer/Schweitzer*, Österreich und das Recht der Europäischen Union, 3 (19), erkennt eine gemischte Bilanz.

[261] AA *Pechstein/Koenig*, Die Europäische Union² (1998) 35 ff, die die Schaffung der Rechtspersönlichkeit durch nachfolgende Praxis als unionsrechtswidrig bezeichnen, da dies gegen Art N EU-V verstoßen würde. Zu einer derartigen gravierenden Veränderung bedürfe es der formalen Änderung des Vertragstextes. So könne die Union nur durch eine gemäß Art N EU-V beschlossene Vertragsänderung zum Völkerrechtssubjekt werden. Die genannten Autoren werten offensichtlich die Nichteinfügung einer entsprechenden Bestimmung in den Unionsvertrag als konstitutiv und insofern ausschlaggebend gegen eine Rechtspersönlichkeit, da die Mitgliedstaaten dies nicht wollten. Dagegen zutreffend *Trüe*, Europa-Institut der Universität des Saarlandes (1997) Nr 357, 60, die darauf hinweist, dass die ausdrückliche Verleihung von Rechtssubjektivität nur deklaratorische Wirkung hätte.

[262] *Pechstein/Koenig*, Die Europäische Union² (1998) 36, sprechen hier von vertragsändernder nachträglicher Praxis. Die beiden Autoren lehnen zunächst einen Vertrauensschutz Dritter ab, müssen ihn aber dann bei 'dauerhafter, nicht korrigierter Unionsrechtswidrigkeit des Handelns der Unionsstaaten' doch zulassen (44).

[263] European Parliament - Draft Constitution of the European Union - 10th February 1994, BT-Drs. 12/7074, 4 (8).

darüberhinaus klar, einfach und für jedermann zugänglich sein sollte.[264] Mit dieser Zielsetzung wurde der Institutionelle Ausschuss des Parlaments beauftragt, eine 'Draft Constitution for the European Union' zu entwerfen. Dies auch schon im Hinblick auf die Regierungskonferenz 1996.

In Art 1 Z 3 dieses Entwurfes heisst es: „The Union has legal personality". Die Union hat aber dennoch nach den Art 11 und 12 auch die Aufgabe, die Formen der Zusammenarbeit zwischen den Mitgliedstaaten zu verstärken und koordinierte Tätigkeiten der Mitgliedstaaten zu fördern. Die Koordinierung der einzelstaatlichen Politiken bildete trotz der institutionellen Verfestigung der Union eine wesentliche Zielsetzung.

Bereits in Maastricht 1992 wurde für das Jahr 1996 explizit die Einberufung einer Regierungskonferenz zur Revision der Verträge festgelegt.[265] Zur Vorbereitung dieser Konferenz, aus der schließlich der Amsterdamer Vertrag hervorgehen sollte, setzte der Europäische Rat eine sog "Reflexionsgruppe" ein. Zusätzlich wurden die einzelnen Organe und Institutionen der Union beauftragt, Berichte über das Funktionieren des Unionsvertrages vorzulegen. Zwei Stellungnahmen des Europäischen Parlaments erlangen hier besondere Bedeutung, da sie konkret die Ausstattung der Union mit Völkerrechtspersönlichkeit als vorrangiges Ziel erachten:

Der sog „*Bourlanges/Martin-Bericht*"[266] vom Mai 1995, der zum Zeitpunkt der Einsetzung der Reflexionsgruppe entstand, beinhaltet die Stellungnahme des Ausschusses für auswärtige Angelegenheiten, Sicherheit und Verteidigung. Dieser Ausschuss fordert für den neuen Vertrag eine stärkere Rolle der Union bei der Aufrechterhaltung des Friedens und der Wahrung der internationalen Sicherheit und folgert:

> „(...) il est indispensable, à cette fin, de doter l'Union européenne de la capacité juridique."[267]

---

[264] Preface of the Draft Constitution, ibid 5.

[265] Art N Abs 2 EU-V.

[266] Bericht des Institutionellen Ausschusses des Europäischen Parlaments über die Funktionsweise des Vertrages über die Europäische Union im Hinblick auf die Regierungskonferenz 1996 - Verwirklichung und Entwicklung der Union, A4-0102/95.

[267] „(...) hierfür ist es unabdingbar, dass die Europäische Union mit der Rechtsfähigkeit ausgestattet wird", Bericht A4-0102/95/Teil II, 6 (8).

Noch deutlicher wird dieses Anliegen des Parlaments allerdings im sog „*Dury/Maij-Weggen-Bericht*"[268], der kurz vor der tatsächlichen Eröffnung der Regierungskonferenz im März 1996 vorgelegt wurde. In diesem Entschließungsantrag betont das Parlament unter Punkt 16 die Stärkung der Rolle der Europäischen Union auf dem Gebiet der Außenpolitik durch Entwicklung einer wirksamen gemeinsamen Außen- und Sicherheitspolitik:

> „Le Parlement européen partage l'avis de la majorité des membres du groupe de réflexion qui constatent que l'absence de personnalité juridique de l'UE est source de confusion pour le monde extérieur, qu'elle rend difficile et affaiblit le rôle extérieur de l'Union; il convient que l'Union se voie reconnaître la personnalité juridique au niveau international."[269]

Die genannten Berichterstatter führen in der Begründung nochmals ausführlich aus, dass mit Blick auf eine bessere Durchführung der gemeinsamen Außen- und Sicherheitspolitik die eigene Rechtspersönlichkeit der Union zu den Prioritäten des Parlaments zählen muss:

> „Il convient, tout d'abord, de doter l'Union européenne d'une personnalité juridique internationale, afin qu'elle puisse conclure des accords internationaux, notamment pour les objectifs définis au titre V du traité. Au demeurant, cette personnalité juridique internationale est également nécessaire dans d'autres secteurs politiques. Le Parlement européen partage l'idée du groupe de réflexion pour lequel 'le fait que l'Union n'existe pas juridiquement est source de confusion vis-à-vis de l'extérieur', complique et 'diminue son rôle vis-à-vis de l'extérieur'."[270]

---

[268] Bericht *Dury/Maij-Weggen*, A4-0068/96.

[269] „Das Europäische Parlament stimmt mit der Mehrheit der Mitglieder der Reflexionsgruppe überein, wonach die Tatsache, dass die EU keine Rechtspersönlichkeit besitzt, nach außen zu Unklarheiten führt und die Rolle der Union auf dem Gebiet der Außenpolitik beeinträchtigt und beschränkt. Die Union muss internationale Rechtspersönlichkeit erhalten", Bericht A4-0068/96/Teil A, 16.1.

[270] „Die Europäische Union muss zunächst einmal eine eigene internationale Rechtspersönlichkeit erhalten, damit sie internationale Übereinkommen, unter anderem für die in Titel V des Vertrages genannten Ziele, schließen kann. Eine internationale Rechtspersönlichkeit ist im übrigen auch für andere Politikbereiche wichtig. Das Europäische Parlament stimmt mit den Mitgliedern der Reflexionsgruppe überein, die davon ausgehen, dass die Tatsache, dass die Union rechtlich gesehen nicht existiert, nach außen zu Unklarheiten führt und die außenpolitische Rolle der Union erschwert und schmälert."

„En ce qui concerne l'opinion défendue par certains membres du groupe de réflexion selon lesquels 'la création de la personnalité juridique internationale pour l'Union risque d'entraîner une confusion avec les prérogatives juridiques des États membres', il faut faire observer que ce problème sera aggravé par l'élargissement de l'Union, et qu'il est dès lors impérieux de rechercher, lors de la CIG, une solution satisfaisante. Pour doter l'Union d'une personnalité juridique internationale, il faut étendre le champ du traité."[271]

Dass die Ausstattung der Union mit Völkerrechtspersönlichkeit zum zentralen Anliegen des Parlaments zählt, ist abschließend aus einer Entschließung[272] des Europäischen Parlaments zu ersehen, in der eine Änderung des EU-Vertrages dahingehend gefordert wird, dass die Union Rechtspersönlichkeit erhält.

Nach dem Bericht der Reflexionsgruppe selbst sollte sich die Regierungskonferenz hinsichtlich der Reform der Union und ihrer Verbesserungen auch auf eine größere Handlungsfähigkeit der Union nach außen konzentrieren, denn es sei an der Zeit, diese gemeinsame Politik mit Mitteln auszustatten, die ihr erlauben, besser zu funktionieren.[273] Im Einzelnen brachte der Bericht der Reflexionsgruppe zu Beginn der Regierungskonferenz allerdings zum Vorschein, dass nicht alle Mitgliedstaaten und Institutionen gleichermaßen überzeugt waren von der Bedeutung, die Union mit Rechtspersönlichkeit auszustatten:

A majority of members points to the advantage of international legal personality for the Union so that it can conclude international agreements on the subject matter of Titles V and VI concerning the CFSP and the external dimension of Justice and Home Affairs. For them, the fact that the Union does not legally exist is a source of

---

[271] „Einige Mitglieder der Reflexionsgruppe meinen, wenn der Union internationale Rechtspersönlickeit verliehen würde, könnten sich Unklarheiten in bezug auf die Hoheitsrechte der Mitgliedstaaten ergeben. Dazu ist zu bemerken, dass dieses Problem mit der Erweiterung der Union nur noch größer wird und dass daher auf der Regierungskonferenz nun unbedingt eine befriedigende Lösung angestrebt werden muss. Um der Union internationale Rechtspersönlichkeit zu verleihen, ist eine Ergänzung des Vertrags erforderlich", Bericht A4-0068/96/Teil B, IV. 2.

[272] Entschließung des Europäischen Parlaments zu den Beziehungen zwischen dem Völkerrecht, dem Gemeinschaftsrecht und dem Verfassungsrecht der Mitgliedstaaten, A4-0278/97, ABl 1997 C 325, 26, Punkt 16. Siehe auch EuZW 1998, 165, Nr 16.

[273] Europäischer Rat Madrid 15./16. Dezember 1995, Schlussfolgerungen des Vorsitzes, Anlage 15.

confusion outside and diminishes its external role. Others consider that the creation of international personality for the Union could risk confusion with the legal prerogatives of Member States.[274]

Die Regierungskonferenz zur Revision der Verträge, die im März 1996 begonnen hatte und sich bis weit ins Jahr 1997 erstrecken sollte, hatte die Aufgabe, auf der Grundlage des Berichts der Reflexionsgruppe zu prüfen, welche Änderungen an den Verträgen vorgenommen werden mussten. Vor allem kleinere Mitgliedstaaten bemühten sich nachdrücklich um gewisse grundlegende Verbesserungen, wie zum Beispiel die Schaffung einer einheitlichen Rechtspersönlichkeit. So findet sich etwa in den Grundpositionen Österreichs zur Regierungskonferenz 1996 der Satz: „Österreich wünscht ferner, dass die Union eigene Rechtspersönlichkeit erhält."[275] Auch Staaten wie Belgien oder Italien forderten in ihren Grundsatzpositionen für die Neugestaltung des Vertrages eine eigene Rechtspersönlichkeit für die Union.[276]

(1) Der Vertragsentwurf der irischen Präsidentschaft

Besondere Bedeutung kommt dem von der Republik Irland als im Europäischen Rat vorsitzführendes Land Anfang Dezember 1996 im Rahmen der Regierungskonferenz vorgelegte Vertragsentwurf zu. In ihrem „Allgemeinen Rahmen für einen Entwurf zur Revision der Verträge, Dublin II"[277] hatte die irische Ratspräsidentschaft vorgeschlagen, der Union konstitutiv Rechtspersönlichkeit zu verleihen. Dieser Dubliner Vertragsentwurf verdient hier eine eingehendere Betrachtung.

---

[274] Intergovernmental Conference 1996, Report of the Reflection Group on the IGC, December 1995, Part 2, IV, A, 150. Siehe auch RTDE 1/1996, 144 (179).

[275] Siehe Grundsatzpositionen Österreichs zur Regierungskonferenz - Dokument der österreichischen Regierung vom 26. März 1996, in Weissbuch zur Regierungskonferenz 1996, Band II, Positionen der Mitgliedstaaten, DokNr PE 165.963; vgl auch *Griller/Droutsas/Falkner/Forgó/Klatzer/Mayer/Nentwich*, IEF Working Paper Nr 20 „Regierungskonferenz 1996: Ausgangspositionen", Wien, Juni 1996 (10 ff und 26).

[276] Weissbuch zur Regierungskonferenz 1996, Band II, PE 165.963, 20 und 90.

[277] „Die Europäische Union heute und morgen: Anpassung der Europäischen Union zum Nutzen ihrer Bürger und Vorbereitung der Europäischen Union auf die Zukunft. Allgemeiner Rahmen für einen Entwurf zur Revision der Verträge", CONF/2500/96, Brüssel, 5. Dez 1996; siehe hiezu auch *Griller/Droutsas/Falkner/Forgó/Nentwich*, IEF Working Paper Nr 25 „Regierungskonferenz 1996: Der Vertragentwurf der irischen Präsidentschaft", Wien, Januar 1997.

Zunächst betont der irische Vorschlag, dass eine der wichtigsten Prioritäten der Konferenz darin bestehen müsste, die außenpolitischen Maßnahmen der Union kohärenter, effizienter und sichtbarer zu machen und beklagt:

> „Im Vertrag ist jedoch nicht vorgesehen, dass die Union als solche, dh als von der Gemeinschaft unterschiedene Einheit, internationale Abkommen schließt, und bislang musste auf pragmatische Mittel zurückgegriffen werden (...). Es wird weithin anerkannt, dass diese Situation unter rechtlichen und politischen Gesichtspunkten alles andere als zufriedenstellend ist und die Möglichkeiten der Union, auf internationaler Ebene zu handeln, beeinträchtigt hat."[278]

Daher würde mit dem Textvorschlag des irischen Vorsitzes die Union mit Rechtspersönlichkeit ausgestattet, so dass sie mit anderen Ländern oder internationalen Organisationen internationale Übereinkünfte aushandeln und schließen könnte, insoweit dies zu Erlangung der außenpolitischen Ziele erforderlich ist.

Der neue Artikel im EU-V aufgrund des irischen Vertragsentwurfes sollte wie folgt lauten:[279]

> 1. Die Europäische Union besitzt Rechtspersönlichkeit.
>
> 2. Die Union besitzt in jedem Mitgliedstaat die weitestgehende Rechts- und Geschäftsfähigkeit, die juristischen Personen nach dessen Rechtsvorschriften zuerkannt ist; sie kann insbesondere bewegliches und unbewegliches Vermögen erwerben und veräußern sowie vor Gericht auftreten. Zu diesem Zweck wird sie von der Kommission vertreten.
>
> 3. Die Union genießt im Rahmen der internationalen Beziehungen die Rechts- und Geschäftsfähigkeit, die zur Wahrnehmung ihrer Aufgaben und zur Verwirklichung ihrer Ziele erforderlich ist. Zu diesem Zweck wird sie vom Vorsitz des Rates vertreten.
>
> 4. Beabsichtigt der Rat, im Namen der Union ein Abkommen zu schließen, so ermächtigt er einstimmig den Vorsitz, gegebenenfalls mit Unterstützung der Kommission die erforderlichen Verhandlungen zu eröffnen. Diese Verhandlungen

---

[278] CONF/2500/96 Teil A, Abschnitt III, Kap 13, 84.
[279] CONF/2500/96, Teil A, Abschnitt III, Kap 13, 85.

werden im Rahmen von Direktiven geführt, die vom Rat mit einstimmigem Beschluss festgelegt werden.

5. Die Abkommen werden vom Rat mit einstimmigem Beschluss auf Empfehlung des Vorsitzes und nach Anhörung des Europäischen Parlaments im Namen der Union geschlossen. Das Europäische Parlament gibt seine Stellungnahme innerhalb einer Frist ab, die der Rat entsprechend der Dringlichkeit festlegen kann. Ergeht innerhalb dieser Frist keine Stellungnahme, so kann der Rat einen Beschluss fassen.

6. Die Union kann kein Abkommen über den Einsatz militärischer Mittel schließen.

7. Die Verträge zur Gründung der Europäischen Gemeinschaften und die späteren Verträge und Rechtsakte zu deren Änderung und Ergänzung werden von den Betimmungen dieses Artikels nicht berührt.

8. Der Rat, die Kommission oder ein Mitgliedstaat können eine Stellungnahme des Gerichtshofes dazu einholen, ob ein in Aussicht genommenes Abkommen mit den Bestimungen dieses Vertrages vereinbar ist.

9. Die nach Maßgabe dieses Artikels geschlossenen Abkommen sind für die Organe der Union und die Mitgliedstaaten verbindlich.

Die wesentlichen Elemente dieses neuen Artikels sind: Die Verleihung von Rechtspersönlichkeit und innerstaatlicher Rechts- und Geschäftsfähigkeit an die Union neben derjenigen der Gemeinschaften; die Zuerkennung internationaler Rechts- und Geschäftsfähigkeit insoweit dies zur Verwirklichung der Aufgaben und Ziele erforderlich ist; die Festlegung von Verfahren zum Abschluss von internationalen Abkommen für die Union und die Möglichkeit, den Gerichtshof hinsichtlich der Vereinbarkeit der Abkommen mit dem Vertrag anzurufen.

So könnten nach diesem „Dublin-II-Dokument" Abkommen der Union durch den Vorsitz aufgrund einer einstimmigen Ermächtigung des Rates verhandelt werden. Abzuschließen wären die Abkommen durch den Rat mit einstimmigem Beschluss auf Empfehlung des Vorsitzes und nach Anhörung des Europäischen Parlaments. Durch die internationale Rechts- und Geschäftsfähigkeit sollte vor allem die Handlungsfähigkeit der Union im Bereich der GASP gegenüber Dritten erhöht werden.[280]

Bemerkenswert ist auch, dass der irische Vorschlag selbst eine Anpassung des Textvorschlages in Erwägung zieht. Denn das genannte Ziel "könnte einfach auch dadurch verwirklicht werden, dass der Union die Befugnis zum Abschluss

---

280 So auch IEF Working Paper Nr 25, 16.

internationaler Abkommen zuerkannt wird. Insofern könnte es zu einer Streichung der ersten beiden Absätze kommen".[281] Ausserdem geht das Dokument noch weiter und hält es für 'logisch', bei Realisierung des Vorschlages die Rechtspersönlichkeit der Union und der drei Gemeinschaften zu einer einzigen Rechtspersönlichkeit zu verschmelzen.[282] Der irische Vorschlag, der sich als Ausgangspunkt für weitere Diskussionen verstand, wurde von den Delegationen einiger Staaten abgelehnt, die eine Änderung des Vertrages in diesem Bereich durch die Einführung einer Rechtspersönlichkeit grundsätzlich ablehnten.[283]

(2) Der Vertragsentwurf der niederländischen Präsidentschaft

Der irische Vertragsentwurf sah neben der expliziten Verleihung der Rechtspersönlichkeit an die Union zugleich vor, dass hierdurch die Gründungsverträge der drei Europäischen Gemeinschaften unberührt bleiben sollten (Art 7 des Vorschlages). Dennoch wurde auch angesprochen, dass eine Lösung ins Auge gefasst werden sollte, wonach die derzeit bestehenden Rechtspersönlichkeiten der drei Gemeinschaften mit der Union zu einer einzigen Rechtspersönlichkeit verschmelzen sollten.[284] Diese Möglichkeit griff die anschließende niederländische Präsidentschaft auf und formulierte sie in ihrem Vertragsentwurf näher aus. Der in diesem 'Addendum'[285] vorgeschlagene neue Art A lautete:

> (1) Durch diesen Vertrag gründen die HOHEN VERTRAGSPARTEIEN untereinander eine EUROPÄISCHE UNION, im folgenden als "Union" bezeichnet.
>
> Dieser Vertrag stellt eine neue Stufe bei der Verwirklichung einer immer engeren Union der Völker Europas dar, in der die Entscheidungen möglichst bürgernah getroffen werden.

---

[281] CONF/2500/96, Teil A, Abschnitt III, Kap. 13, 84.

[282] Ibid 84. „A more logical, if more radical, solution", *Alan Dashwood*, External Relations Provisions of the Amsterdam Treaty, CMLR 1998, 1019 (1039).

[283] CONF/2500/96, Teil A, Abschnitt III, Kap 13, 86; vgl auch IEF Working Paper Nr 25, 17.

[284] CONF/2500/96, Teil A, Abschnitt III, Kap 13, 84; dies könnte nach Meinung des Vorsitzes derart geschehen, dass die jeweiligen Charakteristika der Gemeinschaft, der GASP und des ZBJI-Bereichs in keiner Weise beeinträchtigt würden und die Säulenstruktur unverändert weiterbestehen könnte.

[285] CONF/2500/96 ADD 1 vom 20. 3. 1997, Abschnitt 4, 66.

Die Union tritt an die Stelle der Europäischen Gemeinschaft, der Europäischen Gemeinschaft für Kohle und Stahl und der Europäischen Atomgemeinschaft und ist deren Nachfolgerin. Aufgabe der Union ist es, die Beziehungen zwischen den Mitgliedstaaten sowie zwischen ihren Völkern kohärent und solidarisch zu gestalten.

(2) Die Union besitzt Rechtspersönlichkeit.

(3) Die Union besitzt in jedem Mitgliedstaat die weitestgehende Rechts- und Geschäftsfähigkeit, die juristischen Personen nach dessen Rechtsvorschriften zuerkannt ist; sie kann insbesondere bewegliches und unbewegliches Vermögen erwerben und veräußern sowie vor Gericht auftreten. Zu diesem Zweck wird sie von der Kommission vertreten.

(4) Die Union genießt im Rahmen der internationalen Beziehungen die Rechts- und Geschäftsfähigkeit, die zur Wahrnehmung ihrer Aufgaben und zur Verwirklichung ihrer Ziele erforderlich ist.

Für Übereinkünfte zwischen der Union und einem oder mehreren Staaten oder internationalen Organisationen in den unter [Teil] [Titel] ... fallenden Bereichen gelten die Bestimmungen des Artikels 228 [und die entsprechenden EGKS- und EAG-Bestimmungen].

Für Übereinkünfte zwischen der Union und einem oder mehreren Staaten oder internationalen Organisationen in den unter [Teil] [Titel] ... fallenden Bereichen [z B GASP, JI] gelten die Bestimmungen des Artikels [...].

Dieser Entwurf verleiht der Union nicht nur ausdrücklich Rechtspersönlichkeit, sondern sieht auch eine Verschmelzung der Rechtspersönlichkeiten der drei Gemeinschaften mit derjenigen der Union in eine einzige Rechtsperson vor ('Funktionsnachfolge'). Lediglich die Ausarbeitung von Bestimmungen über den Abschluss von Übereinkünften blieb noch vorbehalten.

Aufgrund dieser Vertragsentwürfe und der Positionen der Mitgliedstaaten ist zu erkennen, dass ein Hauptthema der Regierungskonferenz 1996/97 die Frage der Ausstattung der Union mit treaty making power überhaupt und im Speziellen im Bereich der GASP und ZBJI war. Die erwähnten Möglichkeiten reichen von einer sehr beschränkten Vertragsschlussfähigkeit der Union über eine Ausstattung der Union mit voller Rechtspersönlichkeit einschließlich Vertragsschlussfähigkeit - als eigenständiges Völkerrechtssubjekt neben den Gemeinschaften - bis hin zur

Verschmelzung der drei bestehenden Gemeinschaften mit der Union zu einer einzigen Rechtsperson.[286]

Zusätzlich zu ihrem Addendum, das als Ergänzung zum Dublin II-Entwurf anzusehen ist, brachte die niederländische Präsidentschaft aber auch noch einen eigenen Entwurf für den Amsterdamer Vertrag vor. Auch in diesem war in Kapitel 14 noch explizit die Rechtspersönlichkeit vorgesehen. Der Union wurde internationale Rechts- und Geschäftsfähigkeit zur Erfüllung ihrer Ziele und Funktionen verliehen und dabei ausdrücklich auf die Bestimmungen in einem anderen Teil des Vertrages hingewiesen, denen zufolge die Union mit Staaten oder internationalen Organisationen Übereinkünfte abschließen können sollte:[287]

Neuer Art Aa des EU-V

(1) Die Union besitzt Rechtspersönlichkeit.

(2) Die Union besitzt die Rechts- und Geschäftsfähigkeit, die zur Wahrnehmung ihrer Aufgaben und zur Verwirklichung ihrer Ziele erforderlich ist.

Soweit zur Durchführung der Titel V und VI Übereinkünfte zwischen der Union und einem oder mehreren Staaten oder internationalen Organisationen geschlossen werden müssen, finden die Artikel J 13 a und K 9 a Anwendung.

Neuer Art J 13 a EU-V

Wenn in Durchführung dieses Titels der Abschluss einer Übereinkunft mit einem oder mehreren Staaten oder mit internationalen Organisationen erforderlich ist, kann der Rat den Vorsitz, der gegebenenfalls von der Kommission unterstützt wird, durch einstimmigen Beschluss ermächtigen, Verhandlungen zu diesem Zweck aufzunehmen. Solche Übereinkünfte werden vom Rat auf der Grundlage eines einstimmigen Beschlusses auf Empfehlung des Vorsitzes geschlossen. Ein Mitgliedstaat, dessen Vertreter im Rat erklärt hat, dass in seinem Land bestimmte verfassungsrechtliche Verfahren durchgeführt werden müssen, ist durch eine solche Übereinkunft nicht gebunden; die anderen Mitglieder des Rates können übereinkommen, dass die Übereinkunft für sie vorläufig gilt.

Dieser Artikel gilt auch für Angelegenheiten des Titels VI.

Diese Bestimmung Art J 13 a findet ihre Entsprechung in Art 24 EU-V/Amsterdam.

---

[286] Vgl *Thun-Hohenstein*, Eine Union ohne Eigenschaften?, in *Hummer/Schweitzer*, Österreich und das Recht der Europäischen Union (1996) 23 (31).

[287] Entwurf des Vertrages von Amsterdam, 12. 6. 1997, CONF/4000/97, Abschnitt III, Kap 14.

b) Der Vertrag von Amsterdam

(1) Keine ausdrückliche Regelung der Rechtspersönlichkeit

Die in ihrer Zielsetzung ehrgeizigen Vorschläge in den beiden genannten Vertragsentwürfen wurden im Amsterdamer Vertrag nur ansatzweise umgesetzt. Das Kapitel über die explizite Zuschreibung der Rechtspersönlichkeit fehlt hier überhaupt. Aber die erwähnten Bestimmungen über die Möglichkeit, internationale Abkommen zu schließen, blieben erhalten.

Die travaux préparatoires zum Abschluss des Vertrages von Amsterdam zeigen, dass eine große Mehrheit der Mitgliedstaaten die mangelnde Rechtspersönlichkeit der Union als Beeinträchtigung empfand und daher eine ausdrückliche Zuerkennung forderte. Dies traf im Rahmen der Konferenz jedoch auf den Widerstand von Frankreich und Großbritannien, die in einer ausdrücklichen Ausstattung der Union mit Rechtspersönlichkeit eine Schwächung des intergouvernementalen Charakters der Gemeinsamen Außen- und Sicherheitspolitik erblickten.[288] Die erforderliche Einstimmigkeit verhinderte, dass die Vorschläge Eingang in den endgültigen Vertragstext fanden.

Nun könnte aus dem beibehaltenen Schweigen des Amsterdamer Vertrages über eine Rechtspersönlichkeit vorweg geschlossen werden, dass hier die implizite Absicht der Mitgliedstaaten, die Rechtspersönlichkeit der Union abzulehnen, zum Ausdruck käme, also eine eigene Rechtspersönlichkeit der Union eigentlich vermieden werden sollte.[289] Abgesehen davon, dass dies nur auf einige Staaten zutreffen würde, könnte und sollte das Schweigen des Vertrages und die damit verbundene Absicht der Staaten grundsätzlich auch neutral gewertet werden:

---

[288] Vgl *Wolfgang Schumann* in *Bergmann/Lenz (Hrsg)*, Der Amsterdamer Vertrag: eine Kommentierung der Neuerungen des EU- und EG-Vertrages, 1998, Kap 12 Rn 91.

[289] Vgl *Streinz*, Der Vertrag von Amsterdam: Einführung in die Reform des Unionsvertrages von Maastricht und erste Bewertung der Ergebnisse, EuZW 1998, 137 (140), der seine Auffassung gegen eine Rechtspersönlichkeit dadurch bestätigt sieht, dass die ausdrückliche Verleihung einer solchen trotz entsprechender Vorschläge abgelehnt wurde; ebenso *Pechstein/Koenig*, Die Europäische Union² (1998) 31.

„Tout au plus peut-on dire qu'en présence d'intentions opposées, le silence du Traité joue de ce point de vue un rôle neutre."[290]

Das Fehlen einer ausdrücklichen Bestimmung erlaubt demnach nicht notwendigerweise einen Schluss auf die Verneinung der Völkerrechtspersönlichkeit der Union. Dies würde den Weg für eine unvoreingenommene Betrachtung und Analyse der tatsächlich neu geschaffenen Bestimmungen (insbesondere Art 24 und Art 38 EU-V/Amsterdam) versperren.

Auch die Wiener Vertragsrechtskonvention bietet im Übrigen einen wichtigen Interpretationsansatz. Danach ist nämlich ein völkerrechtlicher Vertrag primär "nach Treu und Glauben in Übereinstimmung mit der gewöhnlichen seinen Bestimmungen in ihrem Zusammenhang zukommenden Bedeutung und im Lichte seines Zieles und Zweckes auszulegen."[291] Grundsätzlich ist der Wortlaut die Grenze der Auslegung. Nur wenn aufgrund dieser Grundregel der Auslegung die Bedeutung mehrdeutig oder dunkel bleibt oder zu einem offensichtlich sinnwidrigen oder unvernünftigen Ergebnis führt, können ergänzende Auslegungsmittel herangezogen werden. Dazu gehören nach Art 32 WVRK die vorbereitenden Arbeiten und die Umstände des Vertragsschlusses. Die Einbeziehung der vorausgehenden Praxis der Staaten, die sich in den travaux préparatoires niedergeschlagen hat oder in den Umständen des Vertragsabschlusses zum Ausdruck gekommen ist, ist also insofern komplementär[292], da nur in diesen beiden Fällen erlaubt.[293] In diesem Sinne sollte es vermieden werden, von vornherein einen angeblichen impliziten Willen der Mitgliedstaaten gegen eine Rechtspersönlichkeit bei der Auslegung des Amsterdamer Vertrages miteinzubeziehen.[294] Die Bestimmungen des Amsterdamer Vertrages sind vielmehr gestützt auf die WVRK nach ihrer Bedeutung im Lichte der Ziele und Zwecke zu analysieren.

---

[290] „Darüberhinaus kann man sagen, dass bei Vorhandensein von gegensätzlichen Positionen das Schweigen des Vertrages über diesen Punkt eine neutrale Rolle spielt", *Tizzano*, La personnalité internationale de l'Union européenne, Revue du Marché Unique Européen 4/1998, 11 (25), der eine Übereinstimmung darin sieht, dass das Schweigen des Vertragstextes nicht die Verneinung der Rechtspersönlichkeit enthalte und demnach die Frage offen und den Entwicklungen der Praxis vorbehalten blieb (Anm 26).

[291] Art 31 Abs 1 WVRK.

[292] „Plus que complémentaire, ce moyen devrait en effet être qualifié de subsidiaire", *Pierre-Marie Dupuy*, Droit international public[4] (1998) 288.

[293] Vgl *Fischer/Köck*, Allgemeines Völkerrecht[5] (2000) Rn 244.

[294] AA *Pechstein/Koenig*, Die Europäische Union[2] (1998) 31, die für eine Einbeziehung der travaux préparatoires bei der Auslegung des Amsterdamer Vertrages votieren.

(2) Treaty making power nach Art 24 und 38 EU-V/Amsterdam

Als Ergebnis der Verhandlungen der Mitgliedstaaten wurde ein neuer Artikel eingeführt, bei dem es inhaltlich um Übereinkünfte mit einem oder mehreren Drittstaaten oder internationalen Organisationen geht. Der neue Art 24 EU-V/Amsterdam lautet:

> „Ist zur Durchführung dieses Titels der Abschluss einer Übereinkunft mit einem oder mehreren Staaten oder mit internationalen Organisationen erforderlich, so kann der Rat den Vorsitz, der gegebenenfalls von der Kommission unterstützt wird, durch einstimmigen Beschluss ermächtigen, zu diesem Zweck Verhandlungen aufzunehmen. Solche Übereinkünfte werden vom Rat auf der Grundlage eines einstimmigen Beschlusses auf Empfehlung des Vorsitzes geschlossen. Ein Mitgliedstaat, dessen Vertreter im Rat erklärt, dass in seinem Land bestimmte verfassungsrechtliche Vorschriften eingehalten werden müssen, ist durch eine solche Übereinkunft nicht gebunden; die anderen Mitglieder des Rates können übereinkommen, dass die Übereinkunft für sie vorläufig gilt.
>
> Dieser Artikel gilt auch für Angelegenheiten des Titels VI."

Diese Bestimmung erlaubt den Abschluss von internationalen Übereinkünften im Rahmen der Gemeinsamen Außen- und Sicherheitspolitik (Titel V) bzw in der polizeilichen und justitiellen Zusammenarbeit in Strafsachen (Titel VI). Bei näherer Betrachtung werden Unklarheiten[295] dieser Regelung erkennbar, welche daher einer Auslegung bedarf. Dabei ist auch die Erklärung Nr 4 zu berücksichtigen, die zu den Artikeln 24 und 38 EU-V/Amsterdam in den Schlussakten zum Amsterdamer Vertrag vereinbart wurde:

> „Die Bestimmungen der Artikel J.14 und K.10 des Vertrages über die Europäische Union und Übereinkünfte aufgrund dieser Artikel bedeuten keine Übertragung von Zuständigkeiten von den Mitgliedstaaten auf die Europäische Union."[296]

---

[295] „Unfortunately, the text itself is radically ambiguous", *Dashwood*, CMLR 1998, 1019 (1040).
[296] ABl 1997, Nr C 340, 131. Die Art J 14 und K 10 lauten nach Amsterdam Art 24 bzw 38.

War noch im irischen Vorschlag festgeschrieben, dass Abkommen vom Rat 'im Namen der Union' geschlossen werden, so findet sich diese Passage im Vertragstext von Amsterdam nicht mehr. Art 24 EU-V/Amsterdam schweigt darüber, für wen der Rat die darin vorgesehenen Übereinkünfte schließt. Es stellt sich die Frage, ob er für die Gesamtheit der Mitgliedstaaten oder für die Union als Völkerrechtssubjekt handelt.[297] Die Klärung dieser Frage und damit die Identifizierung des handelnden Völkerrechtssubjekts ist vor allem aus völkerrechtlicher Sicht relevant, hängt doch auch davon ab, welche der beiden Wiener Vertragsrechtskonventionen[298] auf ein unter dieser Bestimmung geschlossenes Übereinkommen Anwendung findet.

(a) Formale Aspekte

Zunächst ist darauf hinzuweisen, dass gemäß Art 11 Abs 1 EU-V/Amsterdam die GASP 'nur mehr' von der Union erarbeitet und verwirklicht wird, und nicht mehr auch von ihren Mitgliedstaaten (vgl Art J 1 Abs 1 EU-V). Es ist von einer gemeinsamen Außen- und Sicherheitspolitik der Union die Rede, die gemäß Abs 2 von den Mitgliedstaaten zu unterstützen ist. Angesichts dessen erschiene es merkwürdig und darüberhinaus mit dem einheitlichen institutionellen Rahmen der Union kaum vereinbar, so *Thun-Hohenstein*[299], wenn Übereinkünfte nach Art 24 EU-V/Amsterdam nicht für die Union, sondern für die Gesamtheit der Mitgliedstaaten geschlossen würden. In dieses veränderte systematische Umfeld fügt sich auch Art 18 Abs 3 EU-V/Amsterdam, der dem Generalsekretär des Rates die Funktion eines Hohen Vertreters für die Gemeinsame Außen- und Sicherheitspolitik zuschreibt, dessen Hauptaufgabe die Vertretung der Außen- und Sicherheitspolitik der Union gegenüber Drittstaaten und Internationalen Organisationen ist. Auch dadurch soll die gemeinsame Außenpolitik der Union gestärkt und effizienter werden.

---

[297] *Oppermann*, Europarecht² (1999) § 26 Rn 1702 spricht von spezieller Vertragsschließungskompetenz der EU, wenngleich an anderer Stelle (§ 4 Rn 151) eine eigene Rechtspersönlichkeit der EU verneint wird.

[298] Die WVRK I bezieht sich auf internationale Übereinkünfte zwischen Staaten, während sich die WVRK II auf Verträge bezieht, die zwischen Staaten und anderen Völkerrechtssubjekten (wie internationalen Organisationen) bzw zwischen Internationalen Organisationen geschlossen werden.

[299] *Thun-Hohenstein*, Der Vertrag von Amsterdam: die neue Verfassung der EU (1997) 75. Siehe dazu auch IEF Working Paper Nr 27, 18, welches von einem veränderten systematischen Umfeld spricht.

In diesem Zusammenhang ist weiters von Bedeutung, dass die Union auch in allen sonstigen Bestimmungen der zweiten und dritten Säule als solche angesprochen wird:

> „(...) je me borne à noter l'étrangeté d'une Union qui est présente et qualifié comme telle dans toutes les dispositions des deuxième et troisième piliers, pour disparaître ensuite soudainement dans l'article J.14 (comme dans l'article K.10) et puis réapparaître dans les articles suivants."[300]

Ein weiterer Anhaltspunkt dafür, dass die Union als solche gemeint ist, könnte darin gesehen werden, dass eine Kompetenz des Rates der Union vorgesehen ist und nicht eine Kompetenz 'der im Rat vereinigten Vertreter der Regierungen der Mitgliedstaaten'.[301] In allen wesentlichen Bestimmungen der zweiten Säule sind die Kompetenzen des Rates als solche einer Institution der Union definiert. Es ist nicht ersichtlich, warum der Rat in dieser Regelung plötzlich ein gemeinsames Organ der Mitgliedstaaten sein sollte. Zudem ist es Aufgabe des Rates im Rahmen der Gemeinsamen Außen- und Sicherheitspolitik für ein einheitliches, kohärentes und wirksames Vorgehen der Union Sorge zu tragen (vgl Art 13 Abs 3 EU-V/Amsterdam).[302] Es besteht unter diesen Gesichtspunkten kein Zweifel, dass der Rat ein Organ der Union ist. Dass er in diesem Fall bloß als Bevollmächtigter der einzelnen Mitgliedstaaten tätig werden sollte, dafür bestehen keine Anzeichen, geschweige denn ein Verbot, beim Abschluss der Übereinkommen im Namen der Union aufzutreten.[303]

Schließlich ist der Anwendungsbereich des Art 24 nicht unbeschränkt. Übereinkommen können nur geschlossen werden, wenn sie zur Durchführung des Titels V, sprich der gemeinsamen Außen- und Sicherheitspolitik, erforderlich sind. Daraus lässt sich ein starkes Argument für eine Vertragsschlusskompetenz der Union ableiten. Denn gemäß Art 11 EU-V/Amsterdam ist die Gemeinsame

---

[300] „(...) ich beschränke mich darauf, die Seltsamkeit einer Union anzumerken, die in allen Bestimmungen der 2. und 3. Säule gegenwärtig und als solche dargestellt ist, um dann plötzlich in Art J.14 (wie in Art K.10) zu verschwinden und schließlich in den folgenden Bestimmungen wieder zu erscheinen", *Tizzano*, RMUE 4/1998, 11 (26).

[301] *Dashwood*, CMLR 1998, 1019 (1040). Vgl zum Verhältnis sog 'uneigentlicher Ratsbeschlüsse' zu Beschlüssen des Rates als Organ der Union schon vor Amsterdam, näher *Thun-Hohenstein* in *Hummer/Schweitzer*, Österreich und das Recht der Europäischen Union (1996) 23 (26).

[302] Vgl auch *Tizzano*, RMUE 4/1998, 11 (27).

[303] So IEF Working Paper Nr 27, 18.

Außen- und Sicherheitspolitik ein eigener Kompetenzbereich der Union selbst.[304] Das heisst, dass Angelegenheiten, über die grundsätzlich Verträge abgeschlossen werden können, bereits in die Zuständigkeit der Union fallen. Demzufolge kann auch die zugehörige Vertragschlusskompetenz des Art 24 nur der Union zustehen.

(b) Inhaltliche Aspekte

Nach diesen eher formalen Aspekten aus dem Wortlaut und der Struktur des Vertrages, stellt sich die Frage, welcher Akt seitens des Rates zum Abschluss der Übereinkommen erforderlich ist. In Art 24 EU-V/Amsterdam wird lediglich normiert, dass solche Übereinkünfte vom Rat auf der Grundlage eines einstimmigen Beschlusses auf Empfehlung des Vorsitzes geschlossen werden. Es findet sich keine Andeutung, in welcher Form die diesbezügliche Entscheidung des Rates zu ergehen hat. Die möglichen Handlungsformen des Rates sind in Art 12 EU-V/Amsterdam aufgezählt. Auch der Abschluss eines Übereinkommens wird entweder in Form einer gemeinsamen Aktion, eines gemeinsamen Standpunktes oder eines sui-generis Aktes erfolgen.[305] Jedenfalls sind dies Akte des Rates der Union, welche im Prinzip die Union verpflichten und ihre Mitgliedstaaten binden.

Dies führt zu jener Passage in Art 24 EU-V/Amsterdam, wonach ein Mitgliedstaat, der im Rat erklärt, dass in seinem Land bestimmte verfassungsrechtliche Vorschriften eingehalten werden müssen, durch eine derartige Übereinkunft nicht gebunden ist. Diese Bestimmung könnte von denjenigen, die ein Auftreten der Union als solche verneinen, als Argument verwendet werden, dass die Übereinkommen lediglich jene Mitgliedstaaten binden, die sie akzeptieren können und demzufolge der Rat diese Abkommen nicht als Organ der Union, sondern als Organ der einzelnen Mitgliedstaaten abschließen würde. So qualifiziert *Streinz*[306] aufgrund dieses Satzes 3 des Art 24 EU-V/Amsterdam den Ratsbeschluss als völkerrechtliche Vereinbarung.

---

[304] Vgl *Gerhard Hafner*, The Amsterdam Treaty and the treaty-making power of the European Union, in *Gerhard Hafner et al (Hrsg)*, FS Seidl-Hohenveldern, Den Haag 1998, 257 (271).

[305] „Only time will tell which type of act will be preferred", *Nanette Neuwahl*, A Partner With a Troubled Personality: EU Treaty-Making in Matters of CFSP and JHA after Amsterdam, EurForAffRev 3/1998, 177 (190).

[306] *Streinz*, Der Vertrag von Amsterdam, EuZW 1998, 141. Vgl dazu auch *Hans Krück* in *Jürgen Schwarze (Hrsg)*, EU-Kommentar (2000) Art 11-28 Rn 21, der in dieser „unklaren Regelung" ein Argument gegen eine völkerrechtliche Bindung der Union sieht.

Dem wird aber im Schrifttum widersprochen. Die Übereinkommen werden von der Union geschlossen und sind im Prinzip für alle Mitgliedstaaten bindend, außer ein Mitgliedstaat weist auf die Notwendigkeit der Einhaltung bestimmter verfassungsrechtlicher Vorschriften hin. Diese Möglichkeit ist demnach bloß eine Flexiblitätsklausel:

> „L'accord est conclu par l'Union et rien dans le texte ne permet de penser qu'elle agisse au nom de ses membres. On se trouve simplement en présence d'une forme de flexibilité acceptée à l'unanimité au sein du Conseil puisque celle-ci est requise pour la conclusion de l'accord."[307]

Diese Flexibilitätsklausel ist demnach eine besondere Form der gewöhnlichen oder konstruktiven Enthaltung, so wie sie allgemein in Art 23 EU-V/Amsterdam für die GASP vorgesehen ist.[308] In der Literatur wird von einer Anwendbarkeit des Art 23 Abs 1 EU-V/Amsterdam und der damit verbundenen Folgen der Stimmenthaltung innerhalb des Art 24 EU-V/Amsterdam beim Abschluss internationaler Übereinkünfte ausgegangen.[309] Demnach steht auch die gewöhnliche oder konstruktive Enthaltung eines bzw mehrerer Mitgliedstaaten dem Abschluss einer Übereinkunft nicht entgegen. Bei konstruktiver Stimmenthaltung eines Mitgliedsstaates ist nach Art 23 EU-V/Amsteram der Beschluss aber dennoch *für die Union bindend*. Dieser wesentliche Gesichtspunkt sollte auch im Anwendungsbereich des Art 24 EU-V/Amsterdam beachtet werden, weil zwischen den beiden Bestimmungen offensichtlich ein systematischer Zusammenhang besteht. Somit bezieht sich Satz 3 des Art 24 EU-V/Amsterdam nicht auf die Zulässigkeit des Abschlusses einer Übereinkunft bzw auch nicht auf Verfahrensfragen[310], sondern auf die Bindungswirkung aufgrund

---

[307] „Das Übereinkommen ist durch die Union geschlossen und nichts im Text deutet darauf hin, dass sie im Namen ihrer Mitgliedstaaten agiert. Es handelt sich hier einfach um eine Form von Flexibilität im Rahmen der Einstimmigkeit im Rat, da sie ja für den Abschluss des Abkommens gefordert wird", *Pierre des Nerviens*, Les relations extérieures, RTDE 4/1997: Le Traité d'Amsterdam, 801 (806).

[308] So auch *Tizzano*, RMUE 4/1998, 11 (27).

[309] Vgl *Krück* in *Schwarze*, EU-Kommentar, Art 11-28 EUV Rn 75. Ebenso *Thun-Hohenstein/Cede*, Europarecht³ (1999) 244; aA *Hafner*, FS Seidl-Hohenveldern 1998, 257 (279 f), der im wesentlichen in Art 24 eine *lex specialis* zu Art 23 erblickt und daher weder die gewöhnliche noch die konstruktive Stimmenthaltung im Rahmen des Art 24 für zulässig hält.

[310] So wird überzeugend argumentiert, dass diese Bestimmung keine Verdopplung von Vertragsschlussverfahren auf Unionsebene und auf seiten der Mitgliedstaaten bewirke. Letztere seien verpflichtet ihre Verfassungen, wenn nötig, den von der Union geschlossenen Übereinkommen inhaltlich anzupassen; vgl *Griller et al*, The Treaty of Amsterdam, 58, 391. Siehe auch *Hafner*, FS Seidl-Hohenveldern 1998, 257 (273 ff).

des Inhaltes einer solchen Übereinkunft für die Mitgliedstaaten. Einerseits kann aus den Ausdrücken 'gebunden' und 'gilt'[311], andererseits aus dem Wortlaut der Bestimmung selbst abgeleitet werden, dass ein solches Übereinkommen für die Mitgliedstaaten, die keinen Vorbehalt erklären, bindend ist. Wenn dem nicht so wäre, würde es einer solchen Ausnahmebestimmung nicht bedürfen.

Wenn 'the useful effect'[312] des Art 24 EU-V/Amsterdam es erfordert, dass Enthaltungen einiger Mitgliedstaaten, sei es durch Verweis auf verfassungsrechtliche Vorschriften, sei es durch gewöhnliche Stimmenthaltung, dem Zustandekommen von Übereinkünften nicht entgegenstehen, so steht dem Rat nichts entgegen, Entscheidungen zu treffen, die eben nur einige Mitgliedstaaten binden. Dies wirft eine Reihe von weiteren Fragen auf, vor allem im Hinblick auf die Auswirkungen des Enthaltungsprinzips auf Drittstaaten.[313] So müsste die Nichtgeltung der Übereinkunft für einzelne Mitgliedstaaten gegenüber dem Drittstaat offengelegt werden. Andernfalls kann dieser Nichtbindung nur interne Wirkung zukommen.[314] Art 24 EU-V/Amsterdam regelt die Abschlusskompetenz und im Wesentlichen auch die interne Willensbildung im Rat, die Grundlagen für das Wirksamwerden einer Übereinkunft sind. Der Rat kann den Vorsitz durch einstimmigen Beschluss ermächtigen, Verhandlungen aufzunehmen. Das bedeutet, dass die Verhandlungen für den Rat der Union geführt werden. Zu einer Übereinkunft ist dann noch ein einstimmiger Beschluss des Rates erforderlich. Auch wenn einzelne Mitgliedstaaten einen Hinweis in Bezug auf ihre verfassungsrechtlichen Vorschriften abgeben und damit nicht gebunden sind, schließen die anderen Mitgliedstaaten diese Übereinkunft jedoch nicht im eigenen Namen um selbst Vertragsparteien zu werden, sondern, wie Art 24 EU-V/Amsterdam ausdrücklich normiert, als Mitglieder des Rates für die Union und damit als Organ der Union ab. Diese spezielle Regelung des Art 24 Satz 3 EU-V/Amsterdam bedeutet demnach nicht, dass die Rechtsfolgen bei den übrigen Mitgliedstaaten eintreten. Daraus ergibt sich auch für Drittstaaten, dass sie jedenfalls mit der Union abschließen und nicht mit einzelnen Mitgliedstaaten.[315] Würde man davon ausgehen, dass im Falle eines Vorbehaltes einiger Staaten bezüglich der Einhaltung verfassungsrechtlicher Vorschriften oder im Falle gewöhnlicher Stimmenthaltung der Vertrag bloß mit den übrigen

---

[311] *Thun-Hohenstein/Cede*, Europarecht, 244.
[312] So *Neuwahl*, EurForAffRev 3/1998, 177 (191).
[313] *Dashwood*, CMLR 1998, 1019 (1041), stellt die Frage, „(...) can that mean, for the third country concerned, that it is contracting with a truncated Union, with only 14 Members?"; vgl zu weiteren Fragen im Rahmen des Art 24 EU-V/Amsterdam ausführlich *Neuwahl*, EurForAffRev 3/1998, 177 (186 ff).
[314] *Thun-Hohenstein/Cede*, Europarecht³ (1999) 244.
[315] So auch *Hafner*, FS Seidl-Hohenveldern, 257 (271).

einzelnen Mitgliedstaaten zustande käme, wäre dies mit Rechtsunsicherheit für die Vertragspartner verbunden. Es wäre die Frage zu klären, ob die Mitgliedstaaten als Vertragspartner dann durch die Union ersetzt werden, wenn alle Staaten ihre verfassungsrechtlichen Verpflichtungen erfülllt haben.

Art 24 EU-V/Amsterdam, der keine Hinweise enthält, dass der Vertrag nicht mit der Union zustande käme, statuiert eine Kompetenz des Rates als Organ der Union. Wenn die einzelnen Mitgliedstaaten als eigenständige Vertragsparteien auftreten würden, so wäre dazu ein Akt des Rates nicht notwendig, für den überdies Einstimmigkeit[316] gefordert wird. Gerade umgekehrt könnten die Mitgliedstaaten, wenn ein Ratsbeschluss etwa infolge mangelnder Einstimmigkeit nicht erfolgen kann, immer noch selbst das Übereinkommen als Vertragsparteien außerhalb der Union abschließen, sofern nicht Wortlaut oder Inhalt des Übereinkommens dagegen sprechen. Insofern wäre ein Ratsbeschluss für etwaiges individuelles Handeln der Mitgliedstaaten nicht nötig.

> „Whereas a Council act may autorize or recommend Member States to go ahead individually, it would seem that a Council decision is not required for this."[317]

(c) Zur Erklärung Nr 4 der Schlussakte

Schließlich ist noch auf die Erklärung Nr 4 der Schlussakte zum Amsterdamer Vertrag einzugehen, wonach die Bestimmungen der Art 24 bzw 38 EU-V/Amsterdam und Übereinkünfte aufgrund dieser Artikel keine Übertragung von Zuständigkeiten von den Mitgliedstaaten auf die Union bedeuten.[318] Diese Erklärung wurde als von der Regierungskonferenz angenommene Erklärung dem Amsterdamer Vertrag beigefügt. Somit kann sie als Auslegungsübereinkunft im Sinne des Art 31 Abs 2 lit a) WVRK zur Interpretation herangezogen werden.[319]

---

[316] Das Einstimmigkeitserfordernis als Argument für eine Kompetenz der Union streicht insbesondere *Hafner*, FS Seidl-Hohenveldern, 257 (271), hervor.

[317] *Neuwahl*, EurForAffRev 3/1998, 177 (192).

[318] Diese Erklärung erscheint zunächst als reine *protestatio facto contraria*, welche bekanntlich *non valet*. Sie führt auch zu Unsicherheit über die Anwendung der WVRK I oder II im Rahmen des Art 24 EU-V/Amsterdam.

[319] Vgl *Thun-Hohenstein*, Der Vertrag von Amsterdam, 6 f. Derartige Erklärungen in den Schlussakten sind allerdings nicht Bestandteil des Vertrages und damit nicht EU-Primärrecht und haben keinen rechtlich bindenden Charakter; vgl *Ulrich Becker* in *Schwarze*, EU-Kommentar, Art 311 EGV Rn 8 f.

Gemäß dieser Bestimmung ist bei der Auslegung eines Vertrages auf seinen gesamten Zusammenhang Rücksicht zu nehmen. Zu diesem gehört auch jede sich auf den Vertrag beziehende Übereinkunft, die zwischen allen Vertragsparteien anlässlich des Vertragsabschlusses getroffen wurde.[320] Dies bedeutet aber auch, dass die Erklärung Nr 4 im Kontext des gesamten Vertrages, seinem Ziel und Zweck zu sehen ist. Demzufolge sollte vermieden werden, ausschließlich diese Erklärung zur Auslegung des Art 24 EU-V/Amsterdam heranzuziehen und die Bestimmungen des Vertrages dabei außer Acht zu lassen.

Die Meinungen in der Lehre zur Auslegung dieser Erklärung sind sehr differenziert. Für *Streinz* verhindert diese Erklärung, dass Art 24 EU-V/Amsterdam als Ausdruck einer in der Entstehung befindlichen Rechtspersönlichkeit verstanden werden kann. Da eine Zuständigkeitsübertragung an den Rat ausdrücklich erfolgt, lege diese Formulierung den Ausschluss der Übertragung materieller Kompetenzen an die EU nahe.[321] Anders und zutreffend interpretiert *Thun-Hohenstein*[322], der davon ausgeht, dass die Abschlusskompetenz des Rates nach Art 24 EU-V/Amsterdam bereits eine Zuständigkeitsübertragung beinhaltet. Folglich kann mit der auslegungsbedürftigen Erklärung Nr 4 nur gemeint sein, dass die Mitgliedstaaten weder ihre internen Regelungsbefugnisse noch ihre Vertragsschlusskompetenzen in Bereichen, die Gegenstand von Übereinkünften nach Art 24 EU-V/Amsterdam sind, verlieren. Insofern scheint er von konkurrierenden Zuständigkeiten auszugehen, da er auch auf Art 11 Abs 2 EU-V/Amsterdam verweist, woraus abzuleiten ist, dass die Mitgliedstaaten zu einmal geschlossenen Übereinkünften nicht in Widerspruch geraten dürfen. Diese Auslegung nach *Thun-Hohenstein* impliziert, dass doch die Zuschreibung einer Zuständigkeit an den Rat als Organ der Union erfolgt ist, und somit die Union Trägerin einer Kompetenz ist. Diese Vertragsschlusskompetenz ist aber eine eigenständige, autonome Kompetenz der Union, die nicht von den Mitgliedstaaten übertragen ist, da sie deren Vertragschlusskompetenz in diesem Bereich unberührt lässt.[323]

---

[320] siehe dazu *Heribert Franz Köck*, Vertragsinterpretation und Vertragsrechtskonvention (1976) 89 f.

[321] *Streinz*, Der Vertrag von Amsterdam, EuZW 1998, 137 (141); *ders*, Aufbau, Struktur und Inhalt des Vertrages von Amsterdam, in *Hummer (Hrsg)*, Die Europäische Union nach dem Vertrag von Amsterdam (1998) 47 (59), der allerdings auf eine Klärung der Frage durch die nachfolgende Praxis verweist.

[322] *Thun-Hohenstein/Cede*, Europarecht³ (1999) 245.

[323] Vgl *Hafner*, FS Seidl-Hohenveldern, 257 (271, 272).

Die grundsätzliche Fähigkeit der Union, Trägerin von Kompetenzen zu sein, könnte auch aus einem anderen Gedanken abgeleitet werden. Die Erklärung Nr 4 spricht von Zuständigkeiten der involvierten Rechtssubjekte und nicht von deren Rechtspersönlichkeit. Dadurch, dass sie aber die Übertragung von Zuständigkeiten auf die Union scheinbar ausschließt, wird jedenfalls implizit bestätigt, dass eben ein Rechtssubjekt existiert, zu deren Gunsten eine Kompetenzübertragung möglich wäre.[324] Aus diesem Umkehrschluss kann abgeleitet werden, dass die Union grundsätzlich fähig ist, Trägerin von Kompetenzen zu sein.

Art 24 EU-V/Amsterdam regelt die Zuständigkeit für den Abschluss von Übereinkünften mit dritten Staaten und internationalen Organisationen. Gleichzeitig wird in dieser Bestimmung ein Vorbehalt zugelassen, wonach ein Staat auf die Notwendigkeit der Einhaltung bestimmter verfassungsrechtlicher Vorschriften verweisen kann. Die Schlusserklärung Nr 4 ist daher vor allem auch im Zusammenhang mit diesem Vorbehalt zu sehen. Die Mitgliedstaaten bringen in der Erklärung zum Ausdruck, dass Art 24 EU-V/Amsterdam nicht eine generelle Zuständigkeitsübertragung bedeutet. Diese Auslegung scheint vertragskonform zu sein.

Dennoch muss aber festgehalten werden, dass diese Erklärung Nr 4 der Schlussakte zum Amsterdamer Vertrag im Schrifttum zur Auslegung des Art 24 EU-V/Amsterdam gerade von denjenigen herangezogen wird, die nicht die Union als solche, sondern vielmehr die Mitgliedstaaten als Vertragspartner der Übereinkommen sehen wollen.[325] Diese Auffassungen übersehen jedoch, dass in der Kompetenz für die Mitgliedstaaten Verträge abzuschließen ebenfalls eine Kompetenzübertragung liegt.[326]

---

[324] So *Tizzano*, RMUE, 4/1998, 11 (28).

[325] So etwa *Jörg Monar*, The European Union's Foreign Affairs System after the Treaty of Amsterdam: A 'Strengthened Capacity for External Action'?, EurForAffRev 2/1997, 413 (427), der unter Verweis auf diese Erklärung formuliert: „(...) but the Union will not be a contracting party and there will be no transfer of competence to the Union". Ebenso *Christian Koenig/Andreas Haratsch*, Europarecht³ (2000) Rn 802, die in der Erklärung die intergouvernementalen Zurechnungsverhältnisse verdeutlicht sehen und daher der Rat die Übereinkünfte in Vertretung der Unionsstaaten und nicht der Union abschließe.

[326] vgl *Griller et al*, The Treaty of Amsterdam, 58 f.

(3) Schlussfolgerung

Da die beiden neuen Bestimmungen des Amsterdamer Vertrages (Art 24 und 38 EU-V/Amsterdam) einige Unklarheiten beinhalten, wird in der Lehre mehrfach auf die zukünftige Praxis, aus der die Übereinstimmung der Vertragspartner über die Auslegung des Vertrages hervorgeht, abgestellt (vgl Art 31 Abs 3 lit b WVRK). Wenn demnach derartige Übereinkünfte in der Anwendungspraxis auf die 'Union' abstellen, könnte insoweit von einer Völkerrechtssubjektivität der Union ausgegangen werden.[327]

Vergleicht man das in Art 24 EU-V/Amsterdam Formulierte mit dem irischen Vertragsentwurf, so wird ersichtlich, dass nunmehr die Bestimmung 'im Namen der Union' in Art 24 sowie die ausdrückliche Zuschreibung der Rechtspersönlichkeit fehlt. Aber bereits der irische Vorschlag hatte diesbezüglich angemerkt, dass das Ziel, die Rechtspersönlichkeit, einfach auch dadurch verwirklicht werden könnte, indem der Union die Befugnis zum Abschluss internationaler Abkommen zuerkannt werde. Diese hat sie durch den Vertrag von Amsterdam bekommen. So gesehen spricht Einiges dafür und wird auch von einem Teil der Literatur vertreten, dass eine völkerrechtliche Rechtspersönlichkeit der Union aufgrund der Vertragsschlussbefugnis nach Art 24 bzw 38 EU-V/Amsterdam anzunehmen ist:[328]

> „On peut donc conclure de ces amendements que l'Union s'est vue reconnaître implicitement une capacité internationale et dispose de la personnalité juridique. A défaut d'employer le mot, le Traité d'Amsterdam crée (ou confirme selon les points de vue) la chose."[329]

---

327 *Thun-Hohenstein*, Der Vertrag von Amsterdam (1997) 75; so auch *Dashwood*, CMLR 1998, 1019 (1041). Auch *Krück* in *Schwarze*, EU-Kommentar (2000) Art 11-28 Rn 20, stellt auf die tatsächliche Anwendung des Art 24 in der Praxis ab, sieht aber gegenwärtig die Union als Stellvertreterin der Mitgliedstaaten, die die eigentlichen Vertragspartner sind.

328 So auch *Thun-Hohenstein/Cede*, Europarecht³ (1999); Vgl dazu die Besprechung von *Seidl-Hohenveldern* in JBl 2000, 680, der richtig auf den Widerpruch hinweist, wonach die Verfasser zunächst die Ansicht vertreten, dass die EU als solche über keine Rechtspersönlichkeit verfügt, aber dann in Zusammenhang mit den Art 24 und 38 EU-V/Amsterdam zu Recht eine beschränkte Völkerrechtspersönlichkeit der EU bejahen.

329 „Man kann aus diesen Neuerungen schließen, dass der Union implizit internationale Rechtsfähigkeit zugesprochen wurde und dass sie über Rechtspersönlichkeit verfügt. Ohne das Wort zu verwenden hat der Vertrag von Amsterdam die Sache geschaffen (oder je nachdem, sie bestätigt)", *Nerviens*, RTDE 4/1997, 806. AA etwa Commentaire TUE-*Anton* article 11-28 Rn 34: „(...) on ne peut déduire de l'article 24 que l'Union ait été dotée de la personnalité juridique internationale".

Oder wie *Tizzano*[330] es formuliert:

> „Ici encore, les préoccupations politiques, sinon les phobies terminologiques de certains Etats membres, ont empêché, au dernier moment, de 'baptiser' à Amsterdam cette personnalité en l'énoncant explicitement dans les textes. Mais la substance ne change pas: ainsi qu'il a été bien observé, en effet, si on n'a pu l'appeler par son nom, le Traité a quand même créé la 'chose'! En somme, la personnalité de l'Union existe, mais il ne faut pas le dire..."

Insofern geht auch *Griller*[331] davon aus, dass die Union nach dem Amsterdamer Vertrag (beschränkte) Rechtssubjektivität besitzt und sehr wohl berechtigt wäre, im eigenen Namen Verträge mit Dritten abzuschließen, wenn sie nur wollte.

Festzuhalten bleibt, dass mit den Art 24 und 38 EU-V/Amsterdam eine spezielle Vertragsschlusskompetenz der Union geschaffen wurde. Diese Bestimmungen sind im Sinne des Art 31 Abs 1 WVRK nach ihrer gewöhnlichen Bedeutung im Lichte der Ziele und Zwecke des Vertrages auszulegen. Sowohl Art 2 EU-V/Amsterdam als auch Art 11 EU-V/Amsterdam speziell für die Gemeinsame Außen- und Sicherheitspolitik legen die Ziele der Union fest. Soll die Union nach Art 2 2. Spiegelstrich EU-V/Amsterdam ihre Identität auf internationaler Ebene, insbesondere durch eine gemeinsame Außen- und Sicherheitspolitik behaupten, so ist hiermit primär ein einheitliches Erscheinungsbild nach außen gemeint.[332] Auch die Interpretation des Art 24 EU-V/Amsterdam im Lichte dieser Ziele der Union führt daher zu dem Schluss, dass die Übereinkünfte für die Union geschlossen werden, also die Kompetenz zum Abschluss der Übereinkünfte der Union zukommt. Insofern wurde ein Kompromiss erreicht, der ein völkerrechtliches Auftreten der Union nach außen möglich macht.

---

[330] „Auch hier haben politische Bedenken, wenn nicht terminologische Phobien gewisser Mitgliedstaaten im letzten Moment verhindert, die Persönlichkeit in Amsterdam zu 'taufen', indem man sie explizit im Text formulierte. Aber das Wesentliche ändert sich nicht: wie schon richtig festgestellt wurde, hat der Vertrag in der Tat 'die Sache' dennoch geschaffen, auch wenn man sie nicht bei ihrem Namen nennen konnte! Kurz und gut, die Persönlichkeit der Union existiert, aber man darf es nicht sagen...", *Tizzano*, RMUE 4/1998, 11 (40).

[331] *Stefan Griller*, Der verbliebene Reformbedarf der Europäischen Union nach Amsterdam, in *Hummer (Hrsg)*, Die Europäische Union nach dem Vertrag von Amsterdam (1998) 313 (315 f). Vgl auch *Johannes Hengstschläger*, Grundrechtsschutz kraft EU-Rechts, JBl 2000, 409 (412, Anm 21), für den nun die 'besseren Argumente' dafürsprechen, eine beschränkte Rechts- und Handlungsfähigkeit der EU anzunehmen.

[332] Vgl *Cordula Stumpf* in *Schwarze*, EU-Kommentar (2000) Art 2 Rn 14.

Ob und inwieweit daraus tatsächlich die völkerrechtliche Rechtspersönlichkeit geschlossen werden kann, soll unter Heranziehung des IGH näher untersucht werden.

C. Zusammenfassung

Der Maastrichter Unionsvertrag enthält im Gegensatz zu den drei europäischen Gemeinschaften keine ausdrückliche Bestimmung über eine eigene Rechtspersönlichkeit der Union. Die Völkerrechtspersönlichkeit kann jedoch auch implizit aus den Bestimmungen des Vertrages erschlossen werden. Es genügt, wenn die Union selbst Trägerin von Rechten und Pflichten auf dem Gebiet des Völkerrechts ist. Vor allem unter Hinweis auf die rudimentäre Organ- und Kompetenzstruktur der Union wird von einem Teil der Lehre der Union nach Maastricht eine eigene Völkerrechtspersönlichkeit abgesprochen und sie wird bloß als besonders geregeltes Verfahren zur Kooperation der Mitgliedstaaten qualifiziert. Diese Auffassung findet im Wesentlichen eine Stütze in der Maastricht-Entscheidung des deutschen Bundesverfassungsgerichts. Dennoch ist aber eine gewisse Entwicklung auch nach Maastricht erkennbar. Die Union präsentiert sich als völkerrechtliches Gebilde, das noch im Entstehen begriffen ist. Begriffe wie *personnalité embryonnaire* oder *in statu nascendi* sind zwar juristisch nicht sehr aussagekräftig, vermögen aber das Gebilde der Union insofern treffend zu beschreiben. Gleichzeitig wird auch auf die übereinstimmende nachfolgende Praxis hingewiesen, die bei einer dynamischen Auslegung des Vertrages zu berücksichtigen ist (Art 31 Abs 3 b) WVRK) und die auf ein völkerrechtliches Auftreten der Union deutet.

Die *Travaux Préparatoires* des Vertrages von Amsterdam sind gekennzeichnet von zwei konkreten Vorschlägen, der Union Völkerrechtsfähigkeit zu verleihen. Sowohl der Entwurf der irischen als auch der niederländischen Präsidentschaft sahen ausdrückliche Bestimmungen über die Rechtspersönlichkeit der Union und Verfahren zum Abschluss internationaler Abkommen vor. Im Hinblick auf die Auslegung der tatsächlich neu eingeführten Artikel kommt aber den *travaux préparatoires* nur eine geringe Bedeutung zu. Aus dem Fehlen einer ausdrücklichen Bestimmung über die Rechtspersönlichkeit sollte nicht von vornherein die angebliche Absicht der Mitgliedstaaten gegen eine Rechtspersönlichkeit angenommen werden. Die neuen Bestimmungen des Amsterdamer Vertrages sind vielmehr nach ihrer Bedeutung im Lichte der Ziele und Zwecke der Union auszulegen (Art 31 Abs 1 WVRK).

Die Artikel 24 und 38 EU-V/Amsterdam verlangen eine Klärung der Frage, für wen der Rat die vorgesehenen Übereinkünfte schließt, für die Gesamtheit der Mitgliedstaaten oder für die Union als Völkerrechtssubjekt. Vor allem die Möglichkeit einzelner Staaten unter Verweis auf verfassungsrechtliche Vorschriften durch eine derartige Übereinkunft nicht gebunden zu sein und die Schlusserklärung Nr 4 zu den Art 24 und 38 geben Anlass zu divergierenden Auslegungen in Schrifttum und Lehre. Es wird auch auf die Anwendung dieser Bestimmungen in der künftigen Praxis abgestellt. Die besseren Argumente sprechen aber hier vor allem aus der Sicht von Drittstaaten dafür, dass die Übereinkommen für die Union geschlossen werden und somit der Union eine Vertragsschlusskompetenz mit Drittstaaten zukommt. Zwar scheiterten die Bemühungen der Union ausdrücklich Rechtssubjektivität zu verleihen, gleichzeitig wurde jedoch eine Kompetenz geschaffen, Verträge mit Dritten abzuschließen.

Das Gutachten des IGH in *Reparation for Injuries* ist der leading case für die Ansicht, dass Internationale Rechtspersönlichkeit nicht ausdrücklich im Gründungsvertrag einer Organisation vorgesehen sein muss. Sie kann vielmehr aus den Funktionen und Zielen und der Verleihung von Kompetenzen und Rechten erschlossen werden. Es soll daher versucht werden, unter Heranziehung der Erwägungen des IGH zu erörtern, inwieweit die Schlüsse des IGH auf die Union umgelegt werden können, um der Klärung der Rechtspersönlichkeit der Union näher zu kommen.

D. Die Nuancen des Vertrages von Nizza

Der Europäische Rat von Nizza vom 7. bis 11. Dezember 2000 brachte die Regierungskonferenz 2000 zu einem formellen Abschluss. Ergebnis war eine Vertragsrevision, aus der der Vertrag von Nizza resultierte. Sowohl die Regierungskonferenz als auch der Europäische Rat selbst waren geprägt von unions-internen Angelegenheiten. Hauptziel war es gewesen, die Erweiterungsfähigkeit der Union selbst zu erreichen und die sog *Amsterdam-left-overs* zu lösen, wozu die mögliche Ausweitung von Abstimmungen mit qualifizierter Mehrheit, die Zusammensetzung der Organe und die Stimmengewichtung im Rat zu zählen sind.[333]

All dies verdeutlicht, dass die Union im Zuge dieser Konferenz mit umfangreichen internen Problemen und Vorhaben zu kämpfen hatte. Im Zuge dessen erscheint es nicht ungewöhnlich, dass die Handlungsfähigkeit der Union nach außen, sprich ihre Rechtspersönlichkeit, in diesen großen Themenbereichen wenig bis gar keinen Platz fand. Dennoch kam es aber zu einigen Änderungen im Bereich des Art 24 EU-V/Amsterdam. Diese sollen kurz dargestellt und erörtert werden. Mit Blick auf den dritten Teil dieser Arbeit und im Gesamtkontext kann aber, was die Völkerrechtspersönlichkeit der Union betrifft, nur von Nuancen gesprochen werden.

Der bereits angesprochene Art 24 EU-V hat im *Vertrag von Nizza*[334] folgende Fassung erhalten:

> "Artikel 24
>
> (1) Ist zur Durchführung dieses Titels der Abschluss einer Übereinkunft mit einem oder mehreren Staaten oder mit internationalen Organisationen erforderlich, so kann der Rat den Vorsitz, der gegebenenfalls von der Kommission unterstützt wird, ermächtigen, zu diesem Zweck Verhandlungen aufzunehmen. Solche Übereinkünfte werden vom Rat auf Empfehlung des Vorsitzes geschlossen.

---

[333] Vgl *Klemens H. Fischer*, Der Vertrag von Nizza, Text und Kommentar, 2001, 23 ff.

[334] Vertrag von Nizza zur Änderung des Vertrags über die Europäische Union, der Verträge zur Gründung der Europäischen Gemeinschaften sowie einiger damit zusammenhängender Rechtsakte, Dokument CONFER 4820/00 vom 28. Februar 2001.

(2) Betrifft die Übereinkunft eine Frage, bei der zur Annahme interner Beschlüsse Einstimmigkeit erforderlich ist, so beschließt der Rat einstimmig.

(3) Wird die Übereinkunft zur Durchführung einer gemeinsamen Aktion oder eines gemeinsamen Standpunktes ins Auge gefasst, so beschließt der Rat mit qualifizierter Mehrheit nach Artikel 23 Absatz 2.

(4) Dieser Artikel gilt auch für Angelegenheiten des Titels VI. Betrifft die Übereinkunft eine Frage, bei der zur Annahme interner Beschlüsse oder Maßnahmen die qualifizierte Mehrheit erforderlich ist, so beschließt der Rat mit qualifizierter Mehrheit nach Artikel 34 Absatz 3.

(5) Ein Mitgliedstaat, dessen Vertreter im Rat erklärt, dass in seinem Land bestimmte verfassungsrechtliche Vorschriften eingehalten werden müssen, ist durch eine solche Übereinkunft nicht gebunden; die anderen Mitglieder des Rates können übereinkommen, dass die Übereinkunft dennoch vorläufig gilt.

(6) Die nach Maßgabe dieses Artikels geschlossenen Übereinkünfte binden die Organe der Union."

Zum Einen wurden im Vergleich zur bisherigen Fassung des Art 24 EU-V/Amsterdam die Absätze 2 bis 4 neu eingefügt, die eine Klarstellung der Abstimmungsmodalitäten hinsichtlich Einstimmigkeit oder qualifizierter Mehrheit betreffen.[335] Zum Anderen aber regelt der neue Absatz 6, dass die nach Maßgabe dieses Artikels geschlossenen Übereinkünfte die Organe der Union binden. Zunächst erscheint bedeutsam, dass hier von Organen der Union gesprochen wird. Es dürfte daher kein Zweifel mehr bestehen, dass es sich beim Europäischen Parlament, dem Rat, der Kommission, dem Gerichtshof und dem Rechnungshof um Organe der Union handelt. Die Kernaussage, dass die geschlossenen Übereinkünfte die Unionsorgane binden, ist eine wesentliche Neuerung. Eine Bindungswirkung der Organe schließt auch die Bindung der Union als solcher mit ein.

---

[335] Vgl *Fischer*, Der Vertrag von Nizza, 93.

In diesem Zusammenhang sind kurz die *travaux préparatoires* zum Vertrag von Amsterdam in Erinnerung zu rufen. Bereits der Dublin-II-Entwurf sah in seinem Absatz 9[336] eine Bindung der Organe der Union neben den Mitgliedstaaten vor. Damals konnte sich diese Bestimmung aber nicht durchsetzen. So enthielt der Amsterdamer Unionsvertrag weder bezüglich der Organe noch der Mitgliedstaaten eine Regelung über die Bindungswirkung. Die Bestimmung im Dublin-II-Dokument lehnte sich, was die Bindungswirkung betraf, fast wortgleich an die Regelung zum Abschluss von Abkommen im Gemeinschaftsrecht an. Art 300 EGV[337] normiert ebenfalls eine derartige Bindungswirkung der Organe bzw der Mitgliedstaaaten. Somit wurde in den Vertrag von Nizza eigentlich ein Aspekt aus dem Gemeinschaftsrecht übernommen. Insofern kann man eine gewisse Annäherung an das Gemeinschaftsrecht erblicken.[338] Was wiederum im Hinblick auf die Rechtspersönlichkeit der Gemeinschaften auch gewisse Rückschlüsse auf die Rechtsfähigkeit der Union erlaubt. Viel wichtiger ist aber der normative Inhalt, dass Übereinkommen im Rahmen dieses Art 24 EU-V/Nizza die Organe der Union und folglich auch die Union als solche, wie bereits erwähnt, binden.

Damit bringt der neue Art 24 EU-V/Nizza auch eine Klarstellung im Hinblick auf die Regelung in Absatz 5, wonach einzelne Mitgliedstaaten unter Hinweis auf verfassungsrechtliche Vorschriften durch eine solche Übereinkunft nicht gebunden sind bzw die anderen Mitglieder übereinkommen können, dass die Übereinkunft vorläufig gilt. Dass "the term of provisional application in Art. 24 is only meant to relate to the legal relations between the MS and the EU and not to affect the legal nexus to the other party to the agreement"[339], erscheint durch Abs 6 nunmehr primärrechtlich bestätigt. Demnach ist die Union als solche nach außen jedenfalls durch derartige Abkommen gebunden. Die Bindungswirkung besteht nämlich auch hinsichtlich vorläufig geltender Übereinkünfte nach Abs 5. Auch die Tatsache, dass gemäß Abs 5 nun "die Übereinkunft dennoch vorläufig gilt" und nicht mehr wie nach Amsterdam "für sie", dh für diejenigen Mitglieder, die keine Erklärung in Bezug auf ihre verfassungsrechtlichen Vorschriften abgegeben haben, stützt im Übrigen diesen Befund.

---

[336] Abs 9 des Dublin-II-Entwurfes lautete: „Die nach Maßgabe dieses Artikels geschlossenen Abkommen sind für die Organe der Union und die Mitgliedstaaten verbindlich."

[337] Art 300 Abs 7 EG-V sieht vor: „Die nach Maßgabe dieses Artikels geschlossenen Abkommen sind für die Organe der Gemeinschaft und für die Mitgliedstaaten verbindlich."

[338] Vgl dazu allg *Griller et al*, The Treaty of Amsterdam, 388: „It is obvious that several differences between agreements according to Article 300 TEC and Article 24 TEU reflect the reluctance of at least some of the Member States vis-à-vis a growing influence of the Union in the field of CFSP, thus vetoing the implementation of mechanisms which are common within the first pillar."

[339] *Hafner*, FS Seidl-Hohenveldern, 257 (283).

Aufgrund dieser Erwägungen gibt es im Rahmen einer zweckorientierten Auslegung des Art 24 EU-V/Nizza keinen Spielraum mehr für eine Ansicht, dass der Rat die Abkommen für bzw im Namen der einzelnen Mitgliedstaaten abschließt. Dies folgt auch schon aus der grundsätzlichen Feststellung, dass gemäß Art 11 EU-V/Amsterdam die Union zur Verwirklichung einer Gemeinsamen Außen- und Sicherheitspolitik berufen ist. Abkommen seitens der Mitgliedstaaten könnten schwer zu einer Erarbeitung und Durchführung dieser Außen- und Sicherheitspolitik führen, da es sich hiebei um eine eigene Zuständigkeit der Union handelt.[340] Die inhaltlichen Angelegenheiten, über die Abkommen gemäß Art 24 abgeschlossen werden können, stehen demgemäß bereits der Union zu. Es könnte die Frage aufgeworfen werden, warum nicht die Vertragsrevision von Nizza genutzt wurde, in diesem Zusammenhang eine eindeutige Klarstellung zu erzielen und bereits in Abs 1 zu normieren, dass die Abkommen im Namen der Union geschlossen werden.[341] Der neue Abs 6 dieser Bestimmung bringt jedenfalls eine Klarstellung und lässt keinen anderen Schluss zu.

Zu erwähnen ist des weiteren, dass auch nach Nizza die Rechtswirkungen derartiger Übereinkommen gegenüber den Mitgliedstaaten primärrechtlich ungeklärt bzw ungeregelt bleiben, und die Beibehaltung der vorläufigen Geltung gemäß Abs 5, die schon *Hafner* als "truly not a masterpiece of international legislative technique"[342] bezeichnete, weiterhin zu Interpretationsproblemen führen kann. Da die Zurechnung zur Union jedenfalls aber klargestellt wurde, reduziert sich die Problematik des Abs 5 auf das Innenverhältnis zwischen Union und Mitgliedstaaten. Zusammenfassend kann der neue Abs 6 des Art 24 EU-V/Nizza als positiver Schritt in die richtige Richtung gewertet werden.

---

[340] So auch *Stefan Griller et al*, The Treaty of Amsterdam (2000) 58. *Griller*, EuR 1999 Beih 1, 45 (52).

[341] Vgl dazu den Wortlaut des Art 300 Abs 1 EG-V: „Soweit dieser Vertrag den Abschluss von Abkommen *zwischen der Gemeinschaft* und einem oder mehreren Staaten oder internationalen Organisationen vorsieht (...)." (Hervorhebung des Verfassers).

[342] *Hafner*, FS Seidl-Hohenveldern, 257 (283).

III. DIE "DE FACTO" RECHTSPERSÖNLICHKEIT DER EUROPÄISCHEN UNION

A. Einleitung

Welche Kriterien für die Völkerrechtspersönlichkeit vorliegen müssen und ob die Union diese erfüllt, hat in Wissenschaft und Lehre, wie bereits dargestellt, zu divergierenden Meinungen geführt. Dies vor allem deswegen, weil weder der Maastrichter, noch der Amsterdamer Vertrag und nunmehr auch nicht der neue Vertrag von Nizza ausdrückliche Bestimmungen über die Ausstattung der Union mit Rechtspersönlichkeit enthalten. Dieser Umstand kann jedoch nicht zwingend zur Verneinung der Rechtspersönlichkeit führen. Geht man davon aus, dass die Union seit Amsterdam jedenfalls eine treaty making power hat, so verlangt dies auch Schlussfolgerungen hinsichtlich der Völkerrechtspersönlichkeit.

Der Begriff der Völkerrechtspersönlichkeit knüpft an eine faktisch existente Handlungseinheit an[343], die nach den Rechtsquellen über gewisse Rechte und Pflichten verfügt. In diesem Sinne kann man daher auch von einer de facto Völkerrechtspersönlichkeit sprechen.

> "If the attributes are there, personality exists. (...) It is a matter of objective reality."[344]

So stellt sich konkret die Frage nach den Merkmalen und Kennzeichen bzw rechtlichen Kriterien der Völkerrechtspersönlichkeit, die diese Definition untermauern. Im Gutachten "*Ersatz für im Dienste der Vereinten Nationen erlittene Schäden*"[345] ist der Internationale Gerichtshof bei der Begründung der Rechtspersönlichkeit der Vereinten Nationen grundlegenden Kriterien gefolgt, die über den damaligen Anlassfall hinaus Bedeutung haben. Im Folgenden soll anhand dieser Kriterien des IGH untersucht werden, ob die Europäische Union die Voraussetzungen eines Rechtssubjektes erfüllt und damit als de facto Völkerrechtspersönlichkeit bezeichnet werden kann.

---

[343] Vgl *Fischer/Köck*, Allgemeines Völkerrecht^5 (2000) Rn 280ff.

[344] *Rosalyn Higgins*, Problems and Process: International Law and How We Use It (Oxford 1994) 48.

[345] CIJ Recueil 1949, 174.

Dabei erscheint es sinnvoll zunächst die grundsätzlichen Theorien der Entstehung von Rechtspersönlichkeit im Völkerrecht zu beleuchten, um dann den Ansatz des IGH zu verfolgen und daran die Union zu messen.

B. Entstehung der Völkerrechtspersönlichkeit

> "Sur un plan juridique, la volonté propre trouve son expression dans la notion de personnalité juridique."
>
> *P. Reuter*[346]

Hinsichtlich der Entstehung der Völkerrechtspersönlichkeit Internationaler Organisationen wurde bereits im ersten Teil der Arbeit die grundsätzliche Unterscheidung zwischen originärer und abgeleiteter Rechtspersönlichkeit[347] skizziert, die sich auf einen objektiven und subjektiven Ansatz stützt. Demnach bestehen im Völkerrecht grundsätzlich verschiedene Theorien[348] über das Entstehen der Völkerrechtspersönlichkeit.

1. Der subjektive Ansatz

Nach dieser Theorie bestimmt sich die Rechtspersönlichkeit einer Internationalen Organisation ausschließlich aus dem Gründungsvertrag der Organisation und beruht somit auf dem Willen der Mitgliedstaaten. Dieser Wille entscheidet, ob die Organisation mit Rechtspersönlichkeit ausgestattet ist oder nicht. Durch das Gründungsdokument kann die Völkerrechtspersönlichkeit explizit oder implizit, durch Verleihung einzelner Rechte und Pflichten, zugeschrieben werden.[349]

---

346 „Auf juristischer Ebene findet der eigene Wille seinen Ausdruck im Begriff der Rechtspersönlichkeit", in Institutions internationales (Paris 1975) 236.

347 Siehe *Hermann Mosler*, Réflexions sur la personnalité juridique en droit international public, in Mélanges offerts à Henri Rolin (Paris 1964) 228 (243).

348 Siehe etwa *Schermers/Blokker*, International Institutional Law³ (1995) § 1565; auch *Mario Bettati*, Création et personnalité juridique des organisations internationales, in *René-Jean Dupuy*, Manuel sur les organisations internationales² (1998) 33 (50ff).

349 Vgl *Faßbender*, Die Völkerrechtssubjektivität internationaler Organisationen, ÖZöRV 1986, 17 (28), der von „Vertragstheorie" spricht. Für *Manuel Rama-Montaldo*, International Legal Personality and Implied Powers of International Organizations, BYIL 1970, 111 (112), der „inductive approach".

Ausgangspunkt für diese Ansicht ist die Überlegung, dass der souveräne Staat als ursprüngliches bzw originäres Völkerrechtssubjekt die Basis der Völkerrechtsordung darstellt und demgemäß als primärer Bezugspunkt heranzuziehen ist. Überdies verdanken die Organisationen den Verträgen zwischen den Staaten ihre tatsächliche wie juristische Existenz.[350] Folglich ist der Wille dieser Staaten, wie er in den Bestimmungen des Gründungsdokumentes zum Ausdruck kommt, primärer Anknüpfungspunkt für die Rechtspersönlichkeit. Es steht den Staaten frei, die neu geschaffene Organisation mit Rechtspersönlichkeit auszustatten oder eben nicht. Die Tatsache, dass Internationale Organisationen regelmäßig mehr Rechte in Anspruch nehmen als ihnen ihre Gründungsverträge ausdrücklich zusprechen, und das häufige Fehlen ausdrücklicher Bestimmungen über die Rechtspersönlichkeit, führten zur Ausweitung eines engen subjektiven Ansatzes durch die Implied Powers-Doktrin des Internationalen Gerichtshofes.[351] Diese abgeleitete Völkerrechtspersönlichkeit ist funktionell beschränkt bzw durch das Prinzip der Spezialität gekennzeichnet.[352] Demzufolge werden die konkreten Fähigkeiten der Organisation von ihrem Aufgabenbereich, ihren Zielen und Zwecken bestimmt.

2. Der objektive Ansatz

In scharfem Gegensatz dazu steht die objektive Theorie, die auf den Norweger *Seyersted* zurückgeht. Nach diesem Ansatz basiert die Rechtspersönlichkeit nicht auf dem Willen der Mitgliedstaaten, sondern leitet sich aus der bloßen Existenz einer Organisation ab. Erfüllt diese Organisation bestimmte objektive Bedingungen, ist sie ipso facto Völkerrechtssubjekt. Dieser Status gründet sich nach *Seyersted* auf das allgemeine Völkerrecht und das Völkergewohnheitsrecht.[353] Als zu erfüllende Bedingung wird übereinstimmend

---

[350] *Mosler*, in Mélanges offerts à Henri Rolin 228 (243).

[351] *Faßbender*, ÖZöRV 1986, 17 (30), nennt dies dann „weite Vertragstheorie".

[352] Siehe *R. J. Dupuy*, Le Droit des relations entre les Organisations internationales, RdC II 1960, 457 (533 f); dazu auch *Seidl-Hohenveldern/Loibl*, Das Recht der Internationalen Organisationen einschließlich der Supranationalen Gemeinschaften[7] (2000) Rn 0307, 0310 ff.

[353] So argumentiert *Seyersted*, dass etwa die Vertragsschlusskompetenz einer Organisation im allgemeinen Völkerrecht begründet liegt; siehe *Seyersted*, Treaty-Making Capacity of Intergovernmental Organizations: Article 6 of the International Law Commission's Draft Articles on the Law of Treaties Between States and International Organizations or Between International Organizations, ÖZöRV 1983, 261 (263, 266). Vgl dazu Art 6 der WVRK II: „The capacity of an international organization to conclude treaties is governed by the rules of that organization." Zu dieser Regelung insbes *Iain Scobbie*, International Organizations and International Relations, in *René-Jean Dupuy*, Manuel sur les organisations internationales[2] (1998) 831 (870 ff); *Hafner*, FS Seidl-Hohenveldern, 257 (260);

gefordert, dass die Organisation mit einem Organ ausgestattet sein muss, das einen eigenen der Organisation zuzurechnenden Willen ausdrücken kann.[354] Hinsichtlich der Rechte, die sich aus einer derart begründeten Rechtspersönlichkeit ergeben, spricht *Seyersted* von einer sog "inherent power" der Organisation, die dann im Prinzip einem Staat gleichgestellt ist und daher all jene Rechte für sich in Anspruch nehmen kann, die durch den Gründungsvertrag nicht ausdrücklich ausgeschlossen sind.[355]

Von der überwiegenden Mehrheit der Autoren wird eine derartig strenge objektive Theorie zurückgewiesen. Vor allem mit dem Argument, dass eine Norm des Völkerrechts, welche die Völkerrechtspersönlichkeit zuschreiben soll, nicht existiere.[356] Des weiteren ignoriert diese Theorie die unterschiedlichen Charakteristika von Staaten und Internationalen Organisationen. Bei letzteren kommt dem Willen der Gründerstaaten aus der Natur der Sache heraus eine wichtige Rolle zu. Insofern wäre es eine Einschränkung der staatlichen Freiheit, die von ihnen geschaffene Organisation mit Völkerrechtspersönlichkeit auszustatten oder eben nicht.[357]

Es erscheint daher plausibler, lediglich von einer Vermutung der Rechtspersönlichkeit von Internationalen Organisationen auszugehen.[358] Demgemäß ist anzunehmen, dass Staaten, die eine Internationale Organisation gründen, ihr auch die Fähigkeit zuschreiben, als Rechtssubjekt zu handeln.[359] Jedoch ist dies anhand der Bestimmungen und Indizien des Gründungsdokumentes konkret festzustellen.

---

[354] Siehe *Faßbender*, ÖZöRV 1986, 17 (37).

[355] Siehe ausführlich oben I. D. 3. b).

[356] Vgl *Julio A. Barberis*, Nouvelles questions concernant la personnalité juridique internationale, RdC I 1983, 157 (168), „L'existence de normes indiquant que certaines entités possèdent la personnalité internationale, (...) n'a pas été établie dans le droit international positif." Siehe auch *Zemanek*, International Organizations, Treaty-Making Power, EPIL 2/1995, 1343, der die Existenz einer diesbezüglichen Norm des Völkergewohnheitsrechts bezweifelt.

[357] Dazu *Faßbender*, ÖZöRV 1986, 17 (45).

[358] Vgl *Pierre-Marie Dupuy*, Droit international public[4] (1998) 165: „(...) qu'il existe en droit international général une présomption de personnalité internationale au bénéfice des organisations intergouvernementales. Cette présomption n'est cependant pas irréfragable et doit être confirmée par l'examen des termes de la charte constitutive de chacune d'entre elles."

[359] Vgl *Paul Reuter*, La Communauté européenne du charbon et de l'acier (Paris 1953) 118; *Yasseen*, Création et personnalité juridique des organisations internationales, in *R.-J. Dupuy*, Manuel sur les organisations internationales (1988) 33 (45).

Ein strikt objektives Konzept könnte die Frage aufwerfen, ob die Organisation tatsächlich auf internationaler Ebene handelt bzw welche Rechte dieser Rechtspersönlichkeit konkret zukommen. In diesem Sinne meint etwa *Barberis*:

> "Le droit ne peut pas prescrire dans une norme juridique que 'X est sujet de droit', parce que cela serait dépourvu de sens. Même si un ordre juridique contenait une norme énoncant que 'X est sujet de droit', X ne serait pas sujet si cet ordre juridique ne lui attribuait pas au moins un droit ou une obligation."[360]

Die objektive Theorie drängt den Willen der Mitgliedstaaten insofern zurück, als er zwar eine gewisse Rolle bei der Entstehung der Organisation spielt, aber für die Rechtspersönlichkeit dieser Organisation dann nicht mehr entscheidend ist. Lediglich zur Abgrenzung der der Organisation tatsächlich zukommenden Rechte kann der Wille dann wieder herangezogen werden. *Rama-Montaldo* bringt insofern einen etwas abgeschwächten objektiven Ansatz ins Spiel, indem er richtigerweise den grundsätzlichen Unterschied zwischen Staaten und Internationalen Organisationen betont. So bestimmen sich dann die einzelnen Fähigkeiten der Organisation nach den Aufgaben und Zwecken, wie sie im Gründungsdokument festgehalten sind. Internationale Organisationen seien eben im Gegensatz zu den Staaten durch ein "principle of functional limitation" gebunden.[361] Die Suche nach objektiven Kriterien für die Begründung der Rechtspersönlichkeit bleibt aber bestehen und steht auch, wie unter Punkt C. zu zeigen sein wird, mit den Ausführungen des IGH in Reparation for Injuries im Einklang.

> "(...) to affirm that a certain international entity enjoys international personality leads to the need to define the legal criteria which typify those entities known as international organizations. Common patterns of international practice, common elements found in the constituent instruments, the views stated by the Court, mainly in the *Reparations* case, and considerations of legal logic which prescribe that equal situations should produce equal legal effects, make it possible to

---

[360] *Barberis*, RdC I 1983, 157 (169): „Das Recht kann in einer Rechtsnorm nicht vorschreiben, dass 'X ein Rechtssubjekt ist', weil das ohne Sinn wäre. Selbst wenn eine Rechtsordnung eine Norm enthielte, die ausspricht, 'X ist ein Rechtssubjekt', wäre X kein Subjekt, wenn diese Rechtsordnung nicht zumindest ein Recht oder eine Verpflichtung zuschriebe."

[361] *Rama-Montaldo*, BYIL 1970, 111 (141).

establish certain objektive criteria or preconditions which typify the category and constitute the substratum to which the international legal order ascribes personality."[362]

C. Die Europäische Union und die Kriterien des IGH

1. Zur Legitimierung der Vorgangsweise

Bevor man eine Subsumtion der wesenlichen Charakteristika der Union unter die Kriterien des IGH vornimmt, stellt sich zunächst die Frage nach einer Legitimierung einer derartigen Vorgehensweise. Können die Feststellungen des IGH in Bezug auf die Vereinten Nationen überhaupt auf das rechtliche Gebilde der Union angewandt werden?

Nach Art 1 EU-V/Amsterdam gründ(et)en die Hohen Vertragsparteien mit dem EU-Vertrag untereinander eine Europäische Union. Die Union ist zunächst eine Staatenverbindung auf völkervertraglicher Grundlage.[363] Gemäß Art 52 EU-V/Amsterdam bedarf der Unionsvertrag der Ratifikation durch die Hohen Vertragsparteien gemäß ihren verfassungsrechtlichen Vorschriften und folgt somit dem klassischen völkerrechtlichen Vertragsverfahren.[364] Die Union beruht daher auf den gleichen Wurzeln wie die Vereinten Nationen, deren Satzung ohne Zweifel einen multilateralen völkerrechtlichen Vertrag darstellt.[365] Ist der rein völkerrechtliche Kooperationscharakter der Union in den Bereichen ihrer zweiten und dritten Säule allgemein anerkannt, so ist die Rechtsnatur des Gemeinschaftsrechts aufgrund ihres besonderen Kennzeichens der Supranationalität umstritten.[366] Im Wesentlichen geht es dabei um die Frage, ob das Gemeinschaftsrecht noch als Völkerrecht einzuordnen ist, oder aufgrund seiner hohen Organisationsdichte als eigenständige Rechtsordnung sui generis angesehen werden kann. Im Rahmen der Untersuchung einer möglichen

---

[362] Ibid, 144.

[363] *Thun-Hohenstein/Cede*, Europarecht³ (1999) 50.

[364] Siehe dazu *Fischer/Köck*, Allgemeines Völkerrecht⁵ (2000) 82 ff.

[365] Der IGH definiert in seinem Gutachten *Conditions de l'Admission d'un État comme Membre aux Nations Unies*, CIJ Recueil 1948, 57 (61) die Satzung ausdrücklich als „traité multilatéral".

[366] Vgl zu diesem Meinungsstreit in der Lehre zwischen völkerrechtlicher Theorie und gemeinschaftsrechtlicher bzw autonomer Theorie, *Fischer/Köck*, Europarecht³ (1997) 336; *Streinz*, Europarecht⁴ (1999) 38 ff.

Anwendung der klassischen völkerrechtlichen Implied Powers-Theorie im Bereich der Gemeinschaften hat *Stadlmeier*[367] die völkerrechtliche Natur der Gemeinschaften überzeugend nachgewiesen. Wenn dies für die Gemeinschaften festgestellt werden kann, dann müsse es aber für die Union umso mehr gelten, als sie der klassischen völkerrechtlichen Form intergouvernementaler Zusammenarbeit noch viel näher stünde.[368]

Aus diesen Erwägungen ergibt sich, dass die Union als klassisch intergouvernementale Integrationsform jedenfalls dem Völkerrecht zuzuordnen ist.[369] Auch erkennbare Tendenzen einer Entwicklung des Unionsrechts in Richtung Gemeinschaftsrecht[370] stehen demnach nicht entgegen, das Unionsrecht völkerrechtlich zu qualifizieren. Deshalb ist es auch legitim, die Regeln über die Auslegung völkerrechtlicher Verträge (etwa die Art 31 und 32 WVRK) auf den Unionsvertrag anzuwenden und diesen nach völkerrechtlichen Grundsätzen zu interpretieren. Darüberhinaus verlangt die Frage nach der Rechtspersönlichkeit der Union wegen des vergleichbaren Zusammenhanges geradezu eine Heranziehung der grundlegenden Aussagen des IGH. Man würde einer sachgerechten Interpretation nicht gerecht werden, würde man die grundlegenden Feststellungen des IGH nicht berücksichtigen.

2. Ausgangspunkt und Kriterien des IGH

Um die Frage nach der Rechtspersönlichkeit der Vereinten Nationen zu beantworten erschien es dem Internationalen Gerichtshof notwendig, die Charakteristika der Organisation zu analysieren, und zwar jene Eigenschaften der Organisation, die von der Satzung beabsichtigt waren.[371] Diese Aussage verdeutlicht die ambivalente Annäherung des IGH an das Problem der Rechtspersönlichkeit. Einerseits wird nach objektiv vorliegenden Merkmalen

---

[367] *Stadlmeier*, ZÖR 1997, 353 (362 ff).

[368] Ibid, 385. Vgl auch *Streinz*, Europarecht, 40, der die Europäischen Gemeinschaften als eine Entwicklungsstufe des Rechts der internationalen Organisationen im Sinne des Völkerrechts ansieht.

[369] Dezidiert *Fischer/Köck*, Europarecht, 43. Siehe auch *Stumpf* in *Schwarze*, EU-Kommentar, Art 1 EU-V Rn 6: „(...) dem Völkerrecht unterworfene Verbindung von Völkerrechtssubjekten aufgrund einer völkerrechtlichen Willenseinigung."

[370] siehe dazu insbes *Griller*, EuR 1999 Beih 1, 45 (52 f). *Vedder*, EuR 1999 Beih 1, 7 (40 f).

[371] „(...) il faut considérer les caractères que celle-ci [la Charte] a entendu donner à l'Organisation", CIJ Recueil 1949, 178.

gesucht. Zugleich wird aber auch dem Willen der Mitgliedstaaten eine Bedeutung beigemessen, den das Gericht zu erforschen sucht. Vor dem Hintergrund, dass die damaligen Mitgliedstaaten der UNO nicht zu einer ausdrücklichen Regelung der Rechtspersönlichkeit gelangten, entfernt sich der IGH von einer reinen Willenstheorie, indem er trotzdem die Rechtspersönlichkeit an objektiven Eigenschaften festmacht. Damit wird aber auch eine ausschließliche Heranziehung der *travaux préparatoires* zur Auslegung und Determinierung der Rechtspersönlichkeit abgelehnt. Für die Union könnte dies folgendermaßen gedeutet werden: Der Wille der Mitgliedstaaten muss vielmehr in einer "objectified version"[372] festgestellt werden. Das bedeutet aber auch, keine bloße Beurteilung nach den *travaux préparatoires*, sondern nach den Merkmalen der Organisation, wie sie im Vertrag objektiv(iert) zum Ausdruck kommen. Die nachrangige Rolle der travaux préparatoires bei der Auslegung und Interpretation von internationalen Verträgen ist zunächst in der Wiener Vertragsrechtskonvention niedergelegt, die in Art 32 WVRK diesbezüglich von "ergänzenden Auslegungsmitteln" spricht. Aber auch in der weiteren Praxis des IGH wurde darauf Bezug genommen.[373] Hinsichtlich der Auslegung der Satzung der Vereinten Nationen hat Richter *Alvaraz* in seiner opinion dissidente im Fall *Conditions de l'Admission d'un État comme Membre aux Nations Unies* des IGH Folgendes ausgeführt:

> "Moreover, the fact should be stressed that an institution, once established, acquires a life of its own, independent of the elements which have given birth to it, and it must develop, not in accordance with the views of those who created it, but in accordance with the requirements of international life.[374]

Die Ermittlung des Willens der Mitgliedstaaten mittels der travaux préparatoires ist insofern auch problematisch, als diese vorbereitenden Arbeiten oftmals unvollständig, ungenau oder sehr ambivalent sein können.[375] Ihre juristische

---

[372] Vgl *Jan Klabbers*, Presumptive Personality: The European Union in International Law, in *Martti Koskenniemi (ed.)*, International Law Aspects of the European Union (1998) 231 (244): „(...)this particular part of the judgment goes a long way in actually denying the validity of the will theory, yet without completely surrendering to the objective theory, since still some reliance is placed on the intent of the founders, albeit in a constructed, „objectified" version."

[373] Siehe dazu *E. Lauterpacht*, The development of the Law of International Organization by the Decisions of International Tribunals, RdC IV 1976, 381 (439 ff).

[374] CIJ Recueil 1948, 57 (68).

[375] *Lauterpacht*, RdC IV 1976, 381 (440).

Aussagekraft wird damit reduziert, vor allem, wenn es um internationale Verträge geht, bei denen neue Mitgliedstaaten beitreten können.[376]

All diese Erwägungen treffen vor allem auch auf die Union zu. Hier hat die Entstehungsgeschichte des Amsterdamer Vertrages verdeutlicht, dass eine große Mehrheit der Mitgliedstaaten die mangelnde Rechtspersönlichkeit der Union als Beeinträchtigung empfand. Lediglich einige wenige Staaten waren gegen eine ausdrückliche Regelung. Trotz dieser zweideutigen Aussagekraft der Vorarbeiten wurde vielfach der Union von vornherein die Rechtspersönlichkeit gerade unter Berufung auf die Vorarbeiten und der mangelenden ausdrücklichen Regelung abgesprochen.[377] Die Entscheidung, der Union die Völkerrechtspersönlichkeit nicht explizit zu verleihen, schließt jedoch nicht aus, dass ihr eine solche implizit zuerkannt wird.[378]

Gerade in einer dynamischen Strukter wie derjenigen der Union sind die travaux préparatoires nur von geringer Bedeutung und nicht geeignet, die Frage der Rechtspersönlichkeit einwandfrei zu klären. Vielmehr sollte dem IGH folgend, ein Mittelweg zwischen subjektiven und objektiven Elementen bei der Begründung der Völkerrechtspersönlichkeit eingschlagen werden.

a) Erstes Kriterium: Ausstattung der Organisation mit Organen und speziellen Aufgaben

Als erster wesentlicher Gesichtspunkt wird im Gutachten des IGH ausgeführt:

---

[376] Ibid, 440.

[377] Vgl etwa *Christian Hillgruber*, Die Rechtsnatur der Europäischen Union nach dem Amsterdamer Vertrag, in *Winfried Kluth (Hrsg.)*, Die Europäische Union nach dem Amsterdamer Vertrag (2000) 15 (34, 36), der in der Vorgeschichte des Amsterdamer Vertrages eine negative Grundentscheidung gegen eine Völkerrechtspersönlichkeit sieht und diese als maßgeblichen Willen der Vertragsparteien bei der Auslegung des Vertrages einbezieht. Aufgrund der Ausführungen im Text kann dem nicht gefolgt werden.

[378] *Niels M. Blokker/Ton Heukels*, The European Union: Historical origins and institutional challenges, in *T.Heukels/N. Blokker/M. Brus (eds.)*, The European Union after Amsterdam (1998) 9 (37), die in der nicht ausdrücklichen Verankerung politische Gründe vermuten, die Union nicht zu mächtig werden zu lassen. Siehe dazu auch unten Anm 412.

> "*La Charte ne s'est pas bornée à faire simplement de l'Organisation créée par elle un centre ou s'harmoniseraient les efforts des nations vers les fins communes définies par elle (article premier, par. 4). Elle lui a donné des organes; elle lui a assigné une mission propre.*"[379]

Zunächst ist festzustellen, dass das Gericht davon ausgeht, dass bereits eine Organisation existent ist. Voraussetzung für das Bestehen einer Internationalen Organisation ist nach überwiegender Lehre eine auf Dauer angelegte Vereinigung von Staaten, die auf einem völkerrechtlichen Vertrag beruht. *Brownlie* spricht von einer "permanent association of states".[380]

Der Vertrag über die Europäische Union stellt, wie bereits ausgeführt, ein völkerrechtliches Vertragswerk dar.[381] Dass die Union eine auf bestimmte Dauer angelegte Organisation ist und demnach nicht bloß vorübergehend existieren soll, lässt sich aus Art 1 EU-V/Amsterdam entnehmen. Der Unionsvertrag, der "eine neue Stufe bei der Verwirklichung einer immer engeren Union der Völker Europas" darstellt, markiert den Beginn dieser Organisation. Außerdem sollen die Beziehungen der Mitgliedstaaten "kohärent und solidarisch" gestaltet werden. Auch dieses Element deutet auf eine dauerhafte Entität hin. Und gerade das Merkmal der Kontinuität, zu deren Verwirklichung die Union nach Art 3 EU-V/Amsterdam über einen einheitlichen institutionellen Rahmen verfügt, kennzeichnet besonders ein Vorhaben, das auf lange Dauer angelegt ist.[382] Nach Art 51 EU-V/Amsterdam gilt der Vertrag auf unbegrenzte Zeit. Durch den Unionsvertrag als "traité constitutive"[383] wurde eine Europäische Union gegründet, die eine auf Dauer angelegte Organisation[384] darstellt.

---

[379] CIJ Recueil 1949, 178: „Die Satzung hat sich nicht damit begnügt, aus der von ihr geschaffenen Organisation ein Zentrum zu machen, in dem sich die Bemühungen der Nationen in bezug auf die gemeinsamen Ziele (Art 1, Abs 4) harmonisieren. Sie hat ihr Organe gegeben; sie hat ihr eine spezielle Aufgabe zugewiesen."

[380] *Ian Brownlie*, Principles of Public International Law[5] (1998) 679, für den dieser Aspekt bereits ein Kriterium der Rechtspersönlichkeit ist. Dieses Merkmal scheint jedoch eher eine Internationale Organisation zu definieren, als die Rechtspersönlichkeit. Eine Unterscheidung zwischen der Definition einer Internationalen Organisation und der Rechtspersönlichkeit ist zweckmäßig, da nicht alle Organisationen über eine eigene Rechtspersönlichkeit verfügen.

[381] Vgl etwa *Dörr*, EuR 4/1995, 334 (335).

[382] *Manfred Zuleeg*, Die Organisationsstruktur der Europäischen Union – Eine Analyse der Klammerbestimmungen des Vertrags von Amsterdam, EuR 1998 Beih 2, 151 (154).

[383] *Wessel*, EurForAffRev 2/1997, 109 (114).

[384] Vgl hiezu *Bruno de Witte*, The pillar structure and the nature of the European Union: Greek Temple or french gothic cathedral?, in *Heukels/Blokker/Brus (eds.)*, The European Union after Amsterdam (1998) 51 (64), der zur Beschreibung der Union anstatt des üblichen Drei-Säulen-Modells die Metapher einer französischen gotischen Kathedrale vorschlägt, die eher der Realität entspreche.

Das für den IGH erste entscheidende Merkmal in Bezug auf die Rechtspersönlichkeit ist die Ausstattung der Organisation mit Organen und besonderen Aufgaben.[385]

Die Frage nach eigenen Organen der Union hat zu kontroversiellen Aussagen in Wissenschaft und Lehre geführt. Entsprechend den obigen Ausführungen[386] hat die wohl herrschende Lehrmeinung zumindest im Europäischen Rat, der seine Grundlage in Art 4 EU-V/Amsterdam findet, ein eigenes, der Union zuzurechnendes Organ gesehen. Hauptsächlich unter dem Begriff der "Organleihe" wurden aber auch die übrigen ursprünglichen Gemeinschaftsorgane in gewisser Weise der Union zugerechnet. Auf die einzelnen Argumente soll hier nicht mehr näher eingegangen werden. Dennoch muss hervorgehoben werden, dass der neue Vertrag von Nizza diesbezüglich eine Klarstellung bringt, die keine Zweifel an eigenen Organen der Union bestehen lässt. Der abgeänderte Art 24 EU-V/Nizza spricht in Absatz 6 nunmehr von "Organen der Union" Und auch in der Präambel zum Vertrag von Nizza formulierten die Fünfzehn:

> "(...) In dem Wunsch, den mit dem Vertrag von Amsterdam begonnenen Prozess der Vorbereitung der *Organe der Europäischen Union* auf die Wahrnehmung ihrer Aufgaben in einer erweiterten Union zu vollenden, (...)"[387]

Mit dem Europäischen Parlament, dem Rat, der Kommission, dem Gerichtshof, dem Rechnungshof (Art 5 EU-V/Amsterdam) und nicht zuletzt dem Europäischen Rat verfügt die Union über eigene Organe, die zwar zum Teil den Europäischen Gemeinschaften entstammen, aber durch den einheitlichen institutionellen Rahmen der Union zugeordnet werden. Sie geben der Union die Möglichkeit, einen selbständigen Willen zu artikulieren und im eigenen Namen Träger von Rechten und Pflichten zu sein.[388] Somit erfüllt die Union dieses Kriterium.

Hinsichtlich der speziellen Aufgaben und Pflichten, die der IGH für eine Organisation fordert, fällt zunächst ein Unterschied zwischen französischer und englischer authentischer Fassung des Gutachtens auf. Im französischen Text wird,

---

[385] Siehe etwa auch *Schermers/Blokker*, International Institutional Law³ (1995) § 1566.

[386] Vgl II. B. 1. b).

[387] Erwägungsgrund 2 der Präambel des Vertrages von Nizza, CONFER 4820/00 (Hervorhebung des Verfassers).

[388] *Zuleeg*, EuR 1998 Beih 2, 151 f. Ähnlich auch *Griller*, EuR 1999 Beih 1, 46.

wie oben ausgeführt, von "mission propre" gesprochen, was etwa mit "eigenem Zweck" oder "eigener Mission" übersetzt werden kann. Die englische Version hingegen spricht von "special tasks". Dies kann nur im Sinne von "speziellen Pflichten" verstanden werden. Kann man Ersteres als dem der Organisation zugrundeliegenden allgemeinem Zweck, ihrem grundsätzlichen Ziel, dem Grund ihrer Existenz, ihrer Funktion interpretieren, so meint Letzteres viel konkreter die einzelnen Aufgaben und Pflichten, derer es zur Erfüllung der grundsätzlichen Mission der Organisation bedarf. Für die Vereinten Nationen hat der Gerichtshof freilich die große politische Funktion hervorgehoben, die in Art 1 der UNO-Satzung präzisiert wird. Dazu gehört die Aufrechterhaltung des Weltfriedens und der internationalen Sicherheit, die Entwicklung freundschaftlicher Beziehungen zwischen den Nationen und die internationale Zusammenarbeit auf wirtschaftlicher, sozialer, kultureller oder humanitärer Ebene. Mit den Begriffen "mission propre" bzw "special tasks" wird nicht festgelegt, dass eine bestimmte Art von Organisation notwendig ist, um dieses Kriterium zu erfüllen. Vielmehr lässt der IGH dadurch die Möglichkeit offen, eben auch andere Organisationen an diesem Gesichtspunkt zu messen.[389]

Umgelegt auf die Union könnte unter "mission propre" die in Art 1 Abs 3 Satz 2 EU-V/Amsterdam festgelegte Funktion subsumiert werden, wonach es Aufgabe der Union ist, die Beziehungen zwischen den Mitgliedstaaten sowie zwischen ihren Völkern kohärent und solidarisch zu gestalten. Als konkrete "special tasks" lassen sich die in Art 2 EU-V/Amsterdam aufgelisteten Ziele anführen, wie beispielsweise die Förderung des wirtschaftlichen und sozialen Fortschrittes, die Behauptung der Identität auf internationaler Ebene, die Stärkung des Schutzes der Rechte der Angehörigen der Mitgliedstaaten etc. Aber auch die in Art 11 und Art 29 EU-V/Amsterdam normierten Aufgaben müssen hier erwähnt werden. Nach Art 11 soll die gemeinsame Außen- und Sicherheitspolitik etwa auf die Wahrung der gemeinsamen Werte, die Stärkung der Sicherheit oder die Wahrung des Friedens achten. Gemäß Art 29 verfolgt *die Union* das Ziel[390], den Bürgern ein hohes Maß an Sicherheit durch Bekämpfung der Kriminalität etc zu bieten.

---

[389] Siehe dazu *Rama-Montaldo*, BYIL 1970, 111 (125): „As to the special tasks or functions, the Court did not single out any particular type as being necessary for the existence of legal personality. On the contrary, it indicated a vast range of activities, by no means exhaustive, which included political, economic, social, cultural and humanitarian functions."

[390] Art K 1 EU-V/Maastricht normierte noch: „Die Mitgliedstaaten betrachten folgende Angelegenheiten als Angelegenheiten von gemeinsamem Interesse." vgl *de Witte*, in *Heukels/Blokker/Brus (eds.)*, The European Union after Amsterdam (1998) 51 (63).

Diese "lawful objectives"[391] der Union werden gemäß Art 2 Abs 2 EU-V/Amsterdam nach Maßgabe des Unionsvertrags entsprechend den darin enthaltenen Bedingungen verwirklicht. Auch besteht kein Zweifel, dass es sich um eigene Ziele der Union handelt, weil sie sich von den Vorgaben in den Gemeinschaftsverträgen klar unterscheiden.

b) Zweites Kriterium: Die Organisation gegenüber den Mitgliedstaaten

Zur Begründung der Völkerrechtspersönlichkeit wird weiters eine Struktur verlangt, die eine klare Unterscheidung zwischen den Mitgliedstaaten auf der einen und der Organisation als solcher auf der anderen Seite erkennen lässt, eine "entity separate from the whole of the member states."[392] Diese Voraussetzung gründet sich auf folgende Erwägungen des IGH im Hinblick auf die Vereinten Nationen:

> *"Elle [La Charte] a défini la position des Membres par rapport à l'Organisation en leur prescrivant de lui donner pleine assistance dans toute action entreprise par elle (article 2, par. 5), d'accepter et d'appliquer les décisions du Conseil de Sécurité, en autorisant l'Assemblée générale à leur adresser des recommandations, en octroyant à l'Organisation une capacité juridique, des privilèges et immunités sur le territoire de chacun de ses Membres, en faisant prévision d'accords à conclure entre l'Organisation et ses Membres."*[393]

---

[391] Dieser Begriff scheint sich in der europarechtlichen Literatur etabliert zu haben; vgl etwa *Brownlie*, Principles of Public International Law, 679; oder *Wessel*, EurForAffRev 2/1997, 109 (114).

[392] *Hermann Mosler*, Subjects of International Law, EPIL 7/1984, 442 (454).

[393] CIJ Recueil 1949, 178 f: „Die Satzung hat die Position der Mitgliedstaaten im Hinblick auf die Organisation definiert, in dem sie von ihnen jede Unterstützung bei einer Handlung der Organisation verlangte, und dass die Entscheidungen des Sicherheitsrates befolgt und vollzogen werden; indem die Generalversammlung autorisiert wurde, Empfehlungen gegenüber den Mitgliedern zu geben, indem der Organisation Rechtsfähigkeit, Privilegien und Immunitäten auf dem Gebiet der Mitgliedstaaten verliehen wurde und indem der Abschluss von Abkommen zwischen der Organisation und den Mitgliedern vorgesehen wurde.

Auf einige Anzeichen für eine derartige rechtliche Identität der Organisation gegenüber ihren Mitgliedstaaten wurde bereits im zweiten Teil der Arbeit[394] hingewiesen. So verdeutlichen insbesondere die Art 2, 3, 4 und 6 EU-V/Amsterdam die autonome Stellung der Union, soweit ihr eigene Ziele, ein eigener institutioneller Rahmen, eigene politische Zielvorstellungen und Werte zugeschrieben werden. Unter dem Eindruck der Ausführungen des IGH sticht aber zunächst vor allem Art 11 Abs 2 EU-V/Amsterdam hervor, wonach den Mitgliedstaaten die konkrete Verpflichtung auferlegt wird, die Außen- und Sicherheitspolitik der Union aktiv und vorbehaltlos im Geiste der Loyalität und der gegenseitigen Solidarität zu unterstützen. Diese Bestimmung lässt sich unter die "pleine assistance"-Regel des IGH subsumieren. Auch die weitere Aufgabe der Mitgliedstaaten gemäß Satz 3 des Abs 2 des Art 11 EU-V/Amsterdam, sich jeder Handlung, die den Interessen der Union zuwiderläuft, zu enthalten, kann durchaus im Zusammenhang mit dem vom IGH erwähnten Art 2 Z 5 UNO-Satzung genannt werden, da dieser ebenfalls sinngemäß normiert, dass die Handlungen der Organisation nicht von den Mitgliedstaaten konterkariert werden dürfen.

Die weiteren Aspekte in den Ausführungen des IGH bringen zum Ausdruck, dass gewisse rechtliche Beziehungen zwischen der Organisation als solcher und ihren Mitgliedstaaten existieren müssen.[395] Derartige Rechtsbeziehungen finden sich zunächst im Konzept der gemeinsamen Aktion der Union. So normiert Art 14 Abs 3 EU-V/Amsterdam die Bindungswirkung der gemeinsamen Aktion für die Mitgliedstaaten bei ihren Stellungnahmen und ihrem Vorgehen. Für die gemeinsamen Standpunkte sieht Art 15 EU-V/Amsterdam eine ähnliche Loyalitätsverpflichtung seitens der Mitgliedstaaten vor, wie sie grundsätzlich bereits in Art 11 Abs 2 EU-V/Amsterdam festgelegt ist. Danach tragen die Mitgliedstaaten dafür Sorge, dass ihre einzelstaatliche Politik mit den gemeinsamen Standpunkten in Einklang steht. Die einzelnen Mitgliedstaaten trifft die völkerrechtliche Verpflichtung gegenüber der Union, sich an den gemeinsamen Standpunkt zu halten und ihn entsprechend durchzusetzen.[396]

---

[394] Siehe oben II. B. 1. a).

[395] Vgl *Mosler*, EPIL 7/1984, 454, mit Blick auf den IGH: „As the ICJ put it, legal relations must be possible between the organization as such and the member States." Im Gegensatz zur UNO-Satzung enhält der EU-V keine Bestimmungen über die Rechtsfähigkeit, Privilegien und Immunitäten auf dem Gebiet der Mitgliedstaaten; siehe dazu *Blokker/Heukels*, in *Heukels/Blokker/Brus (eds.)*, The European Union after Amsterdam (1998) 9 (35).

[396] Vgl *Krück* in *Schwarze*, EU-Kommentar (2000) Art 11-28 EUV, Rn 15. Zu dieser „mandatory language" und der angesprochenen Loyalitätsverpflichtung näher *Koskenniemi*, International Law Aspects of the Common Foreign and Security Policy, in *Koskenniemi (ed.)*, International Law Aspects of the European Union (1998) 27 (31 ff).

Aber auch im Rahmen der Rechtssetzungsverfahren der dritten Säule, der polizeilichen und justitiellen Zusammenarbeit in Strafsachen, tritt die Union als selbständige Entität gegenüber den Mitgliedstaaten auf, wie Art 34 EU-V/Amsterdam zeigt.[397] Gemäß Art 34 Abs 2 lit a) EU-V/Amsterdam kann der Rat gemeinsame Standpunkte annehmen, durch die das *Vorgehen der Union* bestimmt wird. Ob diese Standpunkte gegenüber den Mitgliedstaaten bindend sind, ist in der Lehre umstritten[398], zumal dies nicht ausdrücklich angeordnet ist. Seit dem Vertrag von Amsterdam stehen dem Rat allerdings noch zwei weitere Handlungsmöglichkeiten zur Verfügung. Die sog Rahmenbeschlüsse des Art 34 Abs 2 lit b) EU-V/Amsterdam zur Angleichung der Rechts- und Verwaltungsvorschriften sind für die Mitgliedstaaten hinsichtlich des zu erreichenden Zieles verbindlich. Und auch für die Beschlüsse zu anderen Zwecken gemäß lit c) sind ihre Verbindlichkeit und damit die völkerrechtlichen Verpflichtungen der Mitgliedstaaten gegenüber der Union ausdrücklich normiert. Diese Verrechtlichung der Handlungsformen in diesem Bereich bringt aber auch eine Stärkung der Union, die in Richtung Gemeinschaftsrecht deutet.[399]

Gestärkt wurde auch der Europäische Rat, da seine Kompetenzen im Amsterdamer Vertrag erweitert wurden. So beschließt der Europäische Rat als Unionsorgan, an dem neben den Staats- und Regierungchefs der Mitgliedstaaten auch der Kommisionspräsident teilnimmt, gemäß Art 13 Abs 2 EU-V/Amsterdam gemeinsame Strategien, die in Bereichen, in denen wichtige gemeinsame Interessen der Mitgliedstaaten bestehen, von der Union durchzuführen sind. Weiters kann auch die Entscheidungsbefugnis in Art 23 Abs 2 Unterabsatz 2 EU-V/Amsterdam genannt werden. Damit räumt der Vertrag dem Europäischen Rat spezielle rechtliche Kompetenzen im Rahmen der zweiten Säule ein, die über seine politische Funktion hinausgehen.[400]

---

[397] Darauf verweist insbesondere *v Bogdandy*, The Legal Case for Unity: The European Union as a single organization with a single legal system, CMLR 1999, 887 (894).

[398] Dazu näher *Thun-Hohenstein/Cede*, Europarecht, 208 (bejahend); *Martin Böse* in *Schwarze*, EU-Kommentar, Art 34 Rn 5 (eher verneinend, mit Ausnahme der Bindungswirkung, die sich aus Art 37 S 1 EU-V/Amsterdam ergibt, wonach die Mitgliedstaaten völkerrechtlich verpflichtet sind, die gemeinsamen Standpunkte auf internationaler Ebene zu vertreten).

[399] Vgl *Christoph Vedder*, Die Unterscheidung von Unionsrecht und Gemeinschaftsrecht nach dem Vertrag von Amsterdam, EuR 1999 Beih 1, 7 (23).

[400] Vgl *Johannes Christian Wichard*, Wer ist Herr im europäischen Haus?, EuR 2/1999, 170 (179); *Jaap de Zwaan*, Community Dimensions of the second pillar, in *Heukels/Blokker/Brus (eds.)*, The European Union after Amsterdam (1998) 179 (186 f).

In diesem Zusammenhang muss weiters auch noch Art 7 EU-V/Amsterdam angeführt werden. Diese Bestimmung verleiht der Union die Kompetenz, durch den Rat bzw den Europäischen Rat ein Fehlverhalten seitens eines Mitgliedstaates, das in der schwerwiegenden und anhaltenden Verletzung von Grundsätzen des Art 6 Abs 1 EU-V/Amsterdam besteht, zu sanktionieren. Dieses Verfahren, das durch den Vertrag von Nizza um das sog *Frühwarnsystem*[401] wesentlich erweitert wurde, zeigt ganz besonders die Eigenständigkeit der Union in Beziehung zu ihren Mitgliedstaaten, weil die Union ihre Grundwerte und Prinzipien gegenüber diesen zu verwirklichen und zu garantieren hat. Außerdem tritt sie in einem solchen Verfahren als Organisation in eine bestimmte rechtliche Beziehung zu den Mitgliedstaaten. Diese trifft wiederum die Pflicht, jene Grundsätze, auf denen die Union gemäß Art 6 EU-V/Amsterdam beruht, einzuhalten.

All diese Bestimmungen zeigen die Verschiedenheit der Union von den einzelnen Mitgliedstaaten und drücken die autonome Existenz der Union als solcher aus. Sie verfügt über eine eigene rechtliche Stellung gegenüber den Mitgliedstaaten.[402]

c) Drittes Kriterium: Die Praxis der Organisation

Für die Völkerrechtspersönlichkeit ist jedoch nicht alleine die im Gründungsvertrag niedergelegte Autonomie bzw Eigenständigkeit der Organisation in Bezug zu den einzelnen Staaten ausschlaggebend. Die IGH formuliert weiters:

> *"La pratique, notamment par la conclusion de conventions auxquelles l'Organisation est partie, a confirmé ce caractère d'une Organisation*

[401] Dazu ausführlich *Fischer*, Der Vertrag von Nizza, 88 ff. Anlass für die Einfügung dieses Frühwarnsystems waren die im Jahr 2000 von den vierzehn Mitgliedstaaten gegen Österreich verhängten sog Sanktionen.

[402] Vgl dazu *Wessel*, The inside looking out: Consistency and Delimitation in EU external relations, CMLR 2000, 1135 (1140): „Legal Personality is nothing more (or less) than independent existence within the international legal system." Der genannte Autor betont, dass das Konzept der Rechtspersönlichkeit seine primäre Bedeutung in der Unterscheidung der Organisation von den Mitgliedstaaten findet und demzufolge eine Rechtsperson sowohl gegenüber ihren eigenen Mitgliedstaaten als auch gegenüber anderen Völkerrechtssubjekten handeln kann.

> *placée, à certains égards, en face de ses Membres, et qui, le cas échéant, a le devoir de rappeler à ceux-ci certaines obligations.*"[403]

Nicht nur durch die Zuerkennung von gewissen Merkmalen im Vertrag wird demnach die Organisation zum Rechtssubjekt, sondern es muss auch die nachfolgende Praxis, die diese Eigenschaft bestätigt, miteinbezogen werden. Damit bringt der IGH ein weiteres Element ins Spiel, das sich von einem streng subjektiven Ansatz entfernt. Dies kommt auch deutlich im Folgenden zum Ausdruck:

> "*In the Opinion of the Court, the Organization was intended to exercise and enjoy, and is in fact exercising and enjoying, functions and rights which can only be explained on the basis of the possession of a large measure of international personality and the capacity to operate upon an international plane.*"[404]

Gerade durch diese Unterscheidung zwischen "was intended to exercise" und "is in fact exercising" kommt die Vermengung von subjektiven und objektiven Elementen deutlich zum Ausdruck. Auf der einen Seite steht die Absicht der Gründerstaaten, auf der anderen die tatsächliche Ausübung von Kompetenzen, also die Praxis der Organisation. Diese deutet wiederum in Richtung objektivem Ansatz[405]. Damit bringt der IGH zugleich einen dynamischen Aspekt ein, der auch die Gegebenheiten nach Vertragsabschluss erfasst. Ein alleiniges Abstellen auf den historischen Willen der Staaten, wie er im Gründungsakt zum Ausdruck gekommen ist, wäre dagegen ein ausgesprochen statischer Faktor.[406]

---

[403] CIJ Recueil 1949, 179: „Die Praxis hat, vor allem durch den Abschluss von Abkommen, bei denen die Organisation Partei ist, diesen Charakter der Organisation, die in gewisser Weise gegenüber ihren Mitgliedstaaten plaziert ist, und die, gegebenenfalls die Aufgabe hat, von diesen Pflichten einzufordern, bestätigt."

[404] CIJ Recueil 1949, 179: „Nach Ansicht des Gerichts war beabsichtigt, dass die Organisation Funktionen und Rechte ausübt und genießt, und sie übt diese auch tatsächlich aus, die man nur auf Grundlage des Besitzes von internationaler Rechtspersönlichkeit und der Fähigkeit, auf internationaler Ebene zu handeln, erklären kann." Ausnahmsweise soll hier zwecks Deutlichkeit die englische authentische Fassung des Gutachtens herangezogen werden.

[405] *Klabbers*, Presumptive Personality, 231 (245): „(...) it is here, that the will of the founders is distinguished from empirical life."

[406] *Wolfram Karl*, Vertrag und spätere Praxis im Völkerrecht (1983) 185.

Ist somit für den IGH die Frage nach der Rechtspersönlichkeit der Organisation auch von ihrer nachfolgenden Übung bzw Praxis[407] abhängig, so steht er damit im Einklang mit den Auslegungskriterien völkerrechtlicher Verträge, die in der Wiener Vertragsrechtskonvention anerkannt sind. Im Rahmen der Art 31 und 32 WVRK I wird bei der Auslegung des Vertrages neben dem Text, dem Zusammenhang und dem Zweck auch der Praxis entscheidendes Gewicht beigemessen.[408] Wie bereits festgehalten wurde, erfasst Art 32 die *travaux préparatoires* lediglich als ergänzende Auslegungsmittel. Dem wahren Willen der Parteien wird also nur geringer Auslegungswert bzw keine entscheidende Bedeutung zugeschrieben.[409] Dagegen ist die spätere Praxis gemäß Art 31 WVRK ein erstrangiger Auslegungsfaktor. Nach Abs 3 des Art 31 ist nämlich außer dem in Abs 2 beschriebenen Zusammenhang in gleicher Weise jede spätere Übung bei der Anwendung des Vertrages, aus der die Übereinstimmung der Vertragsparteien über seine Auslegung hervorgeht, zu berücksichtigen. Diese Übung oder Praxis erfasst jede mögliche Art formlosen Staatenverhaltens, sofern sie die Übereinstimmung der Vertragsparteien zum Ausdruck bringt.[410] Und im Sinne eines dynamischen Vertragsverständnisses erlaubt diese Bestimmung auch einen späteren Konsens der Vertragsparteien, sodass nachträgliche Entwicklungen des Vertrages miteinzubeziehen sind.[411]

Eine Auslegung des Vertrages, die ausschließlich am subjektiven Willen der Staaten im Zeitpunkt des Abschlusses der Übereinkunft orientiert ist, und damit am damaligen status quo stehen bleibt[412], stünde daher im Widerspruch zu den Auslegungskriterien der Wiener Vertragsrechtskonvention und damit zum Völkerrecht.

---

[407] Siehe auch *Daniel Vignes*, L'absence de personnalité juridique de l'Union européenne: Amsterdam persiste et signe, in FS Seidl-Hohenveldern, 757 (769 f), der diesen evolutiven Aspekt betont: „(...) cette question est (...) une question de fait, de 'pratique' subséquente des Etats créateurs (...).“

[408] Siehe dazu *Rudolf Bernhardt*, Interpretation in International Law, EPIL 2/1995, 1416 (1420 f).

[409] Vgl *Heribert Franz Köck*, Zur Interpretation völkerrechtlicher Verträge, ZÖR 1998, 217 (226).

[410] *Karl*, Vertrag und spätere Praxis im Völkerrecht, 189.

[411] Ibid, 190.

[412] Insofern unzutreffend *Hillgruber* (Anm 377). Der genannte Autor will überdies in der Vorenthaltung der Völkerrechtspersönlichkeit den fortbestehenden Selbsterhaltungswillen der großen Mitgliedstaaten verwirklicht sehen, die im Rahmen eines umfassenden Völkerrechtssubjektes Union das Ende ihrer eigenen Staatlichkeit zu befürchten hätten. Diese politische, jedoch wenig juristische Argumentationsweise vermag nicht zu überzeugen. Siehe dazu pointiert *Köck/Fischer*, Das Recht der internationalen Organisationen, 571; „Der politische Grund dafür [dh für die Leugnung der Völkerrechtspersönlichkeit] liegt wohl im Bestreben der Mitgliedstaaten, die Europäische Union nicht als sie überhöhenden Bundesstaat erscheinen zu lassen. Hiefür ist freilich die durch das Recht der Europäischen Union selbst widerlegte Leugnung der Rechtspersönlichkeit nicht das richtige Mittel.“

Dass der EU-Vertrag als völkerrechtlicher Vertrag nach den Interpretationsregeln der WVRK auszulegen ist, lässt sich grundsätzlich auch aus Art 5 WVRK I ableiten, wonach dieses Übereinkommen auf jeden Vertrag Anwendung findet, der die Gründungsurkunde einer internationalen Organisation bildet.

Mit der vielzitierten Phrase (Feststellung) "the Organization was intended to exercise and is in fact exercising functions and rights" macht der IGH deutlich, dass die Völkerrechtspersönlichkeit davon abhängt, ob der Organisation konkret Rechte und Pflichten übertragen wurden bzw sie diese auch tatsächlich ausgeübt hat. In diesem Sinne kommt es auf das materielle Kriterium[413] an, ob die Union über eigene Kompetenzen verfügt. Auf die selbständige Tätigkeit der Union besonders in den Bereichen der sog zweiten und dritten Säule, also außerhalb der drei Gemeinschaften, konnte aber bereits im zweiten Teil der Arbeit hingewiesen werden. So muss in diesem Zusammenhang beispielsweise die Vereinbarung der Union mit der WEU erwähnt werden, aber auch die Verwaltung der Stadt Mostar deutet auf ein selbständiges Auftreten der Union als solcher.[414] Als weiteres Beispiel für die Union als internationalen Akteur kann der Gemeinsame Standpunkt des Rates über Kuba angeführt werden, indem die Union als Ziel in ihren Beziehungen zu Kuba die Respektiereung der Menschenrechte und den Übergang zur Demokratie verlangt.[415] Gleichzeitig kritisiert dieser Standpunkt aber US-Gesetze, die einerseits die Interessen der Union und andererseits die "established legal order" beeinträchtigen. Somit tritt die Union hier als Garant des internationalen Rechtssystems in Erscheinung.[416] Auch die Gemeinsame Aktion über die Friedensregelung für Bosnien-Herzegowina bezieht sich auf die Union, als wäre sie eine selbständige Handlungseinheit.[417]

Auch in einseitigen Deklarationen und Erklärungen der Union zeigt sich ihre Identität auf internationaler Ebene. Wenn die Union einen Gemeinsamen Standpunkt einnimmt, kann dies unter gewissen Umständen zu Rechtswirkungen im Völkerrecht führen. Die Union ist gegenüber Drittstaaten an diese gemeinsame

---

[413] Vgl dazu *Fischer/Köck*, Europarecht, 672; *Köck/Fischer*, Das Recht der internationalen Organisationen, 571.

[414] Vgl dazu *Wessel*, CMLR 2000, 1135 (1143).

[415] Vgl *Marise Cremona*, The European Union as an International Actor: The Issues of Flexibility and Linkage, EurForAffRev 1998, 67 (92 f).

[416] Ibid, 93.

[417] Vgl Gemeinsame Aktion betreffend die Beteiligung der Union an den Strukturen zur Umsetzung der Friedensregelung für Bosnien-Herzegowina (95/545/GASP), ABl 1995 L 309, 2. Siehe auch *Dashwood*, CMLR 1998, 1019 (1040).

Position gebunden. Auch wenn dies nicht ausdrücklich vorgesehen ist, können Drittstaaten auf derartige Erklärungen prinzipiell vertrauen.[418]

In diesem Zusammenhang kann wohl auch der Gemeinsame Standpunkt betreffend Albanien[419] gesehen werden, in dem die Union ihre Entschlossenheit bekundet, eine wichtige Rolle bei der Unterstützung Albaniens in den Bemühungen um Rückkehr zu politischer und wirtschaftlicher Stabilität wahrzunehmen. Ausserdem wird Albanien seitens der Union humanitäre Hilfe und die Unterstützung zur Förderung des demokratischen Prozesses zugesagt. Zu diesem Zweck stimmt sich die Union gemäß Art 1 des Standpunktes mit anderen internationalen Organisationen einschließlich der WEU und des Europarates ab.

Weitere Anhaltspunkte liefert Art 18 EU-V/Amsterdam. Gemäß Abs 1 dieser Bestimmung wird die Union als solche durch den Vorsitz in Angelegenheiten der GASP, also auf internationaler Ebene, vertreten. Aus dieser Vertretungsregelung lässt sich ableiten, dass die Union eine Organisation ist, welche über eigene Kompetenzen nach außen hin verfügt. Der Vorsitz wird bei diesen Aufgaben vom Generalsekretär des Rates unterstützt, dem die Funktion eines Hohen Vertreters für die Gemeinsame Außen- und Sicherheitspolitik zukommt. Überdies wird nach Art 18 Abs 4 EU-V/Amsterdam die Kommission an diesen Aufgaben in vollem Umfang beteiligt. Diese, durch den Amsterdamer Vertrag neu zusammengesetzte "Troika", die nicht mehr nur aus Mitgliedstaaten besteht, sondern eben aus dem Vorsitz, dem Hohen Vertreter und der Kommission, lässt eine größere Kontinuität und Effektivität der Union nach außen erwarten.[420] Gegebenenfalls wird der Vorsitz auch von dem Mitgliedstaat unterstützt, der den nachfolgenden Vorsitz wahrnimmt.

Das Beitrittsverfahren neuer Staaten zur Union kann, wenngleich kompliziert geregelt, ebenfalls so verstanden werden, dass die Union ein Rechtssubjekt darstellt. Zunächst ist der sog Briefwechsel zwischen der Europäischen Union und Norwegen, Österreich, Finnland und Schweden zu erwähnen.[421] In diesen Schreiben ist explizit von einem Beitritt zur Europäischen Union die Rede. Auch der Beschluss des Rates[422] der Europäischen Union über die Aufnahme dieser Staaten geht von der Aufnahme in die Europäische Union aus. Abgesehen von diesen formalen Aspekten sieht der EU-V in concreto ein mehrphasiges

---

[418] *Klabbers*, Presumptive Personality, 250, der dies mit dem Vertrauensgrundsatz unter Berufung auf die Nuklear-Test-Fälle des IGH, Recueil CIJ 1974, 253 ff, argumentiert.

[419] Gemeinsamer Standpunkt vom 2. Juni 1997 betreffend Albanien (97/357/GASP), ABl 1997 L 153, 4.

[420] Siehe *Hanspeter Neuhold*, The provisions of the Amsterdam Treaty on the CFSP: Cosmetic operation or genuine progress?, in FS Seidl-Hohenveldern, 495 (504, 507).

[421] ABl 1994 C 241, 399. Siehe auch *Klabbers*, Presumptive Personality, 231 (250).

[422] Beschluss des Rates der Europäischen Union (94/C 241/06), ABl 1994 C 241, 8.

Aufnahmeverfahren vor. Gemäß Art 49 EU-V/Amsterdam richtet der beitrittswillige Staat seinen Antrag an den Rat. Danach kommt es zu Stellungnahmen bzw Berichten der Kommission, die eine Analyse der Bewerberstaaten im Hinblick auf die vom Europäischen Rat in Kopenhagen festgelegten Beitrittskriterien darstellen.[423] Dann beschließt der Rat über die Aufnahme von Beitrittsverhandlungen, welche vom Ratspräsidenten aufgrund von Leitlinien geführt werden. Nach dem Abschluss dieser Verhandlungen kommt es zur Stellungnahme der Kommision, wie sie in Art 49 EU-V/Amsterdam vorgesehen ist, welche aber für den Rat rechtlich unverbindlich ist. Weiters ist noch die Zustimmung des Europäischen Parlaments erforderlich, wobei die absolute Mehrheit seiner Mitglieder nötig ist. Erst nach diesen Voraussetzungen kann der Rat mit Einstimmigkeit über den Antrag beschließen.[424]

Nach Abs 2 des Art 49 EU-V/Amsterdam werden die Aufnahmenbedingungen und die erforderlichen Anpassungen der Verträge dann durch ein Abkommen zwischen den Mitgliedstaaten und dem antragstellenden Staat geregelt, welches der Ratifikation durch alle Vertragsstaaten bedarf. Voraussetzung für die Aufnahme eines neuen Staates in die Union ist also einerseits nach Anhörung der Kommission und Zustimmung des Parlaments ein positiver Ratsbeschluss und andererseits das Einverständnis der Mitgliedstaaten, das durch Unterzeichnung des Beitrittsvertrages zum Ausdruck kommt. Der Beitritt stellt eine Änderung bzw Anpassung des EU-V dar, die eine Zustimmung aller Mitgliedstaaten erforderlich macht. Dieses Verfahren kann auch als Bestätigung der Völkerrechtssubjektivität der Union gesehen werden.[425] Dafür könnte zusätzlich ins Treffen geführt werden, dass die beitretenden Staaten "Mitglieder der Europäischen Union und Vertragsparteien der die Union begründenden Verträge in ihrer jeweiligen geänderten oder ergänzten Fassung"[426] werden und ihnen die Verpflichtung zur Beachtung der Grundsätze, auf denen gemäß Art 6 EU-V/Amsterdam "die Union beruht", auferlegt wird bzw dies seit Amsterdam eine ausdrückliche Beitrittsvoraussetzung (Art 49 EU-V/Amsterdam) darstellt.

Die Völkerrechtspersönlichkeit existiert, wenn die Union über gewisse Rechte verfügt, aus denen diese Rechtspersönlichkeit abgeleitet werden kann.[427] Um mit den Worten des IGH zu sprechen, wenn sie Rechte hat, die nur auf Basis einer

---

[423] Vgl Schlussfolgerungen des Europäischen Rates von Luxemburg, 12./13. Dez 1997.
[424] Vgl *Hans-Holger Herrnfeld* in *Schwarze*, EU-Kommentar, Art 49 EU-V Rn 7.
[425] So *Zuleeg*, EuR 1998 Beih 2, 151 (160).
[426] ABl 1994 C 241, 13. Art 1 Abs 1 des Beitrittvertrages.
[427] *Brownlie*, Principles of Public International Law, 680, verlangt als drittes Kriterium für Rechtspersönlichkeit „the existence of legal powers exercisable on the international plane and not solely within the national systems of one or more states.

bestehenden Rechtspersönlichkeit erklärt werden können. Wichtigstes Indiz in diesem Zusammenhang ist natürlich eine *treaty making power*, welche als "the main attribute of international legal personality"[428] anzusehen ist.

Durch den Vertrag von Amsterdam hat die Union mit Art 24 EU-V/Amsterdam eine Kompetenz erhalten, die sie zum Abschluss von Abkommen mit anderen Staaten oder Internationalen Organisationen ermächtigt. Diese Kompetenz der Union, die durch den Rat vollzogen wird, existiert für Angelegenheiten der Gemeinsamen Außen- und Sicherheitspolitik und gemäß Art 38 EU-V/Amsterdam auch für die Polizeiliche und Justitielle Zusammenarbeit in Strafsachen.

Mit diesen beiden Bestimmungen bringt der EU-V die Absicht der Mitgliedstaaten zum Ausdruck, dass die Union auf internationaler Ebene handeln können soll und ihr in conreto die Fähigkeit zukommen soll, völkerrechtliche Abkommen zu schließen. Mit der *treaty making power* verfügt die Union über eine Kompetenz, die das zentrale "asset" einer existierenden Rechtspersönlichkeit darstellt.

d) Viertes Kriterium: Ziele und Zwecke als Anknüpfungspunkt

Den bisher angeführten Kriterien fügt der IGH zwei wesentliche Aussagen hinzu, deren Stellung im Text des Gutachtens auffällt, da sie den genannten Kriterien genau voran- bzw nachgestellt sind.

> "Pour atteindre ces buts, il est indispensable que l´Organisation ait la personnalité internationale."[429]
>
> "(...) elle ne pourrait répondre aux intentions de ses fondateurs si elle était dépourvue de la personnalité internationale."[430]

---

[428] *Klabbers*, Presumptive Personality, 231 (251).

[429] CIJ Recueil 1949, 178: „Um ihre Ziele zu erreichen ist es unerlässlich, dass die Organisation internationale Rechtspersönlichkeit hat."

[430] CIJ Recueil 1949, 179: „(...) sie könnte die Absichten ihrer Gründer nicht erfüllen, wenn sie ohne internationaler Rechtspersönlichkeit wäre."

Mit diesen beiden Feststellungen nimmt der IGH ausdrücklich auf die Ziele und Zwecke der Organisation Bezug, und macht sie zu einem wichtigen Anknüpfungspunkt für die Rechtspersönlichkeit. Diese existiert, wenn sonst die Funktionen der Organisation nicht erfüllt werden könnten.[431] Ist die Rechtspersönlichkeit für die Zielerreichung unerlässlich, so könnte darin ein objektives Element erblickt werden. Zugleich wird aber auf die Absichten der Gründer eingegangen, was wieder auf einen subjektiven Ansatz hindeutet. Im Sinne der obigen Ausführungen kann aber die Absicht bzw der Wille der Mitgliedstaaten nur so verstanden werden, wie er im Gründungsdokument, der Satzung bzw dem EU-V, zum Ausdruck gekommen ist. Insofern manifestiert sich der Wille in den Zielen und Zwecken und Kompetenzen der Organisation. Der Hinweis auf die "intentions de ses fondateurs" kann so ausgelegt werden, dass die Rechtspersönlichkeit ihren Entstehungsgrund im Willen der Mitgliedstaaten, dh im Gründungsakt, findet. Vor allem wenn dieser Wille widersprüchlich[432] oder unklar ist, sind aber objektive Elemente zur Klärung der Völkerrechtspersönlichkeit erforderlich.

Es kann berechtigterweise die Frage gestellt werden, ob die Völkerrechtspersönlichkeit notwendig[433] ist, um die Ziele und Funktionen der Union zu erfüllen. Die in Art 1 letzter Satz EU-V/Amsterdam normierte Aufgabe der Union, die Beziehungen zwischen den Mitgliedstaaten kohärent und solidarisch zu gestalten, deutet zunächst auf eine nach innen gerichtete Funktion der Union hin.[434] Auffallend ist aber sogleich das in Art 2 EU-V/Amsterdam verankerte Ziel der Union, die Behauptung ihrer Identiät auf internationaler Ebene, insbesondere durch eine Gemeinsame Außen- und Sicherheitspolitik. Damit ist auf die Funktionen der Union, wie sie ihr in Titel V des EU-V zugeschrieben sind, Bezug genommen. Gemäß Art 11 EU-V/Amsterdam gehört somit zu den Zielen der Union die Wahrung der gemeinsamen Werte[435], der grundlegenden Interessen, der Unabhängigkeit der Union. Darüberhinaus ist sie berufen, den Frieden und die internationale Sicherheit zu wahren und die internationale Zusammenarbeit zu

---

[431] Siehe auch *Rudolf L. Bindschedler*, International Organizations, General Aspects, EPIL 2/1995, 1289 (1299).

[432] In diesem Zusammenhang könnte die Vertragsschlusskompetenz des Art 24 und die diesbezügliche Erklärung Nr 4 der Schlussakte zum Amsterdamer Vertrag genannt werden; siehe dazu oben II. B. 2. b) (2) (c). Art 49 EU-V/Amsterdam sieht wiederum den Abschluss des Beitrittsvertrages zur Union zwischen dem Mitgliedstaaten vor.

[433] Im Sinne eines großzügigen Maßstabes reicht hier größere Effizienz und Zweckmäßigkeit aus; siehe *Griller*, EuR 1999 Beih 1, 45 (51f).

[434] Vgl *Cremona*, EurForAffRev 1998, 67 (68).

[435] Zur Werteordnung der Union kritisch und treffend *Martin Schubarth*, Die EU-Grundrechtscharta – Ein Paradigmawechsel?, JBl 2001, 205 f.

fördern. Weiters sind die Entwicklung und Stärkung von Demokratie und Rechtsstaatlichkeit sowie die Achtung der Menschenrechte und Grundfreiheiten als wesentliche Aufgaben der GASP genannt. Seit dem Amsterdamer Vertrag ist neu das Ziel der Unversehrtheit der Union im Einklang mit den Grundsätzen der Charta der Vereinten Nationen. Auf die Prinzipien der Vereinten Nationen wird auch bei der Aufgabe der Wahrung des Friedens und der Stärkung der internationalen Sicherheit ausdrücklich Bezug genommen.[436] Schließlich soll die Union nach Abs 2 des Art 11 EU-V/Amsterdam bei all diesen Aufgaben als kohärente Kraft in den internationalen Beziehungen wirksam werden. Dies kann aber nur gewährleistet sein, wenn die Union als Einheit nach außen in Erscheinung tritt. Auch die Tatsache, dass nunmehr die Union eine Gemeinsame Außen- und Sicherheitspolitik erarbeiten soll, und der explizite Hinweis auf die Mitgliedstaaten aus dem Text des Art 11 EU-V/Amsterdam genommen wurde, erhöht die Kohärenz, führt zu einer Stärkung der Union und macht sie zum zentralen Akteur in den Außenbeziehungen.[437]

Diese ehrgeizigen und umfangreichen Ziele der Außen- und Sicherheitspolitik der Union können daher nur durch ein Handeln auf internationaler Ebene effektiv verwirklicht werden.[438] Auch dieses Kriterium des IGH ist daher erfüllt.

---

[436] Art 11 Abs 1, Spiegelstrich 1 und 3; vgl auch *Griller et al*, The Treaty of Amsterdam, 376.
[437] Vgl *Griller et al*, The Treaty of Amsterdam, 377.
[438] *Dashwood*, CMLR 1998, 1019 (1040).

D. Ergebnis: Die de facto existente Völkerrechtspersönlichkeit der Union

Die Kriterien, die der IGH in der Satzung der Vereinten Nationen verwirklicht sah, ließen ihn zum Schluss kommen, dass der UNO Völkerrechtssubjektivität zukommt:

> *"En conséquence, la Cour arrive à la conclusion que l'Organisation est une personne internationale. (...) Cela signifie que l'Organisation est un sujet de droit international, qu'elle a capacité d'être titulaire de droits et devoirs internationaux et qu'elle a capacité de se prévaloir de ses droits par voie de réclamation internationale."*[439]

Diese Feststellung kann, wie die obigen Ausführungen zeigen, ebenso für die Union getroffen werden. Sie wurde durch den EU-V mit Organen und besonderen Aufgaben ausgestattet. Zahlreiche Bestimmungen legen ihre eigenständige Position im Gegensatz zu den einzelnen Mitgliedstaaten fest. Die eigenen Kompetenzen der Union lassen sich nur aufgrund einer de facto bestehenden Rechtspersönlichkeit erklären. Die Vertragsschlusskompetenz des Art 24 EU-V/Amsterdam ist in diesem Zusammenhang ein ganz wesentliches Argument. Auch in der Praxis tritt die Union als selbständige Handlungseinheit auf. Schließlich können die Ziele und Funktionen der Union vor allem im Bereich der Gemeinsamen Außen- und Sicherheitspolitik nur von einem Völkerrechtssubjekt wirksam erfüllt werden.

Wendet man die materiellen Kriterien des IGH auf die Union an, so ist die Völkerrechtspersönlichkeit zu bejahen, da die Union eine de facto existente Einheit mit bestimmten Rechten und Pflichten ist. Aus diesem Grund kann es auf eine audrückliche Verankerung dieser Rechtspersönlichkeit im Vertrag nicht entscheidend ankommen. Eine solche wäre überflüssig[440] und hätte allenfalls nur

---

[439] Recueil 1949, 179: „Folglich gelangt der Gerichtshof zum Schluss, dass die Organisation eine internationale Rechtsperson ist. (...) Das bedeutet, dass sie ein internationales Rechtssubjekt ist, dass sie die Fähigkeit hat, Trägerin von internationalen Rechten und Pflichten zu sein und sich auf ihre Rechte stützen kann, indem sie internationale Ansprüche stellt." Diese entscheidende Schlussfolgerung des IGH scheint *Klabbers*, Presumptive Personality, 231 (246), zu übersehen, wenn er meint, dass der IGH bloß von einer Vermutung ausging.

[440] *Griller*, EuR 1999 Beih 1, 45 (52), der davon ausgeht, dass die Rechtspersönlichkeit im Kern schon durch den Vertrag von Maastricht begründet wurde.

Klarstellungsfunktion.[441] Auch die Weigerung einiger weniger Mitgliedstaaten, die Rechtspersönlichkeit explizit im Vertrag zu regeln, kann daran nichts ändern.[442] Im Sinne des IGH-Gutachtens kann einzig und allein das Gründungsdokument die Absichten der Mitgliedstaaten zum Ausdruck bringen. Den Bestimmungen des Vertragstextes kommt im Lichte der Ziele und Zwecke entscheidende Bedeutung zu.[443] Es zeigt sich, dass der Union im EU-V all jene Eigenschaften zugeschrieben wurden, die das Internationale Recht von einem Rechtssubjekt verlangt.

Somit besitzt die Union die Fähigkeit, Trägerin von Rechten und Pflichten auf dem Gebiet des Völkerrechts zu sein. In conreto ist ihre Völkerrechtspersönlichkeit funktionell, dh auf ihren Aufgabenbereich beschränkt. Dies ergibt sich aus dem im Zusammenhang mit der Frage nach dem Umfang der Rechte und Pflichten einer Internationalen Organisation immer wieder zitierten dictum des IGH:

> "*Alors qu'un État possède, dans leur totalité, les droits et devoirs internationaux reconnus par le droit international, les droits et devoirs d'une entité telle que l'Organisation doivent dépendre des buts et des fonctions de celle-ci, énoncés ou impliqués par son acte constitutif et développés dans la pratique.*"[444]

---

[441] *Wichard*, EuR 2/1999, 170 (174).

[442] Vgl *Griller et al*, The Treaty of Amsterdam, 58: „Those Member states which are opposed to look at the EU as a subject of international law with rights and duties of its own are certainly not in a position to alter international law by simply blocking the inclusion of a provision into the treaty which would have made the legal qualification indisputable.“ Der genannte Autor illustriert dies mit dem Beispiel, wonach etwa auch der Grundsatz vom Vorrang des EG-Rechts gegenüber nationalem Recht nicht dadurch beseitigt werden könnte, dass sich einzelne MS weigern, die diesbezügliche Judikatur des EuGH explizit vertraglich zu verankern; siehe auch *Griller*, EuR 1999 Beih 1, 45 (52).

[443] So auch *Blokker/Heukels*, in *Heukels/Blokker/Brus (eds.)*, The European Union after Amsterdam (1998) 9 (36), unter Berufung auf Art 31 Abs 1 WVRK.

[444] Recueil 1949, 180: „Während ein Staat sämtliche Rechte und Pflichten, die vom internationalen Recht anerkannt sind, besitzt, müssen die Rechte und Pflichten einer Entität wie derjenigen der Organisation von ihren Zielen und Zwecken abhängen, so wie sie ausdrücklich oder implizit im Gründungsdokument angeführt und in der Praxis entwickelt sind.“ Bezüglich des Umfanges der Völkerrechtspersönlichkeit misst der IGH dem subjektiven Willen der Staaten wieder entscheidende Bedeutung bei.

Die einzelnen Rechte der Union hängen also von ihren Kompetenzen, Zielen und Zwecken ab, wie sie im EU-V niedergelegt sind. Jedenfalls gehört zu ihren Aufgaben aufgrund des Art 24 EU-V/Amsterdam auch die Fähigkeit zum Abschluss völkerrechtlicher Übereinkünfte mit Drittstaaten zur Durchführung von Titel V und VI des EU-V. Der genaue Umfang der Völkerrechtspersönlichkeit der Union muss im Rahmen einer teleologischen Auslegung des EU-V unter Heranziehung der Regeln von *effet utile* und den *implied powers* festgestellt werden[445], sodass die Union über die zur Erfüllung ihrer Aufgaben notwendigen Rechte verfügt und die es ihr erlauben, ihre Identität auf internationaler Ebene zu behaupten (Art 2 EU-V/Amsterdam).

E. Zusammenfassung

Die Frage nach der Völkerrechtspersönlichkeit der Europäischen Union wurde einer ausführlichen Analyse unterzogen, wobei interessante Zusammenhänge und die unterschiedlichen Standpunkte bei der Darstellung der Lehre sichtbar wurden.

Der IGH hat mit seinen Kriterien, die ein Maßstab dafür sind, wer im völkerrechtlichen Sinn Träger von Rechten und Pflichten ist, deutlich gemacht, dass die Völkerrechtspersönlichkeit einer Internationalen Organisation weder durch einen subjektiven noch durch einen objektiven Ansatz allein begründet werden kann. Der richtige Zugang zur Begründung der Völkerrechtspersönlichkeit liegt, wie das Ergebnis der Arbeit zeigt, in der Verknüpfung beider Elemente. Ausgangspunkt ist das Gründungsdokument, indem der Wille der Mitgliedstaaten, die eine Internationale Organisation gründen, objektiv(iert) zum Ausdruck kommt. Aber auch der tatsächlichen Anwendung des Vertrages im Lichte der Ziele und Aufgaben der betreffenden Organisation kommt wesentliche Bedeutung zu.

Für die Europäischen Union konnte nachgewiesen werden, dass sie an den Kriterien des IGH gemessen werden kann und damit die Völkerrechtspersönlichkeit de facto existiert.

---

[445] Vgl *Seidl-Hohenveldern/Loibl*, Das Recht der Internationalen Organisationen[7] (2000) Rn 0313.

Die Union ist daher gegenüber ihren eigenen Mitgliedstaaten eine selbständige rechtliche Einheit, die einen eigenen Willen bilden und artikulieren kann, der sich von dem der Einzelstaaten unterscheidet und an den die Mitgliedstaaten gebunden sind. Vor allem aber ist für die Praxis besonders wichtig, dass ihr Status gegenüber Drittstaaten geklärt ist. Die Union tritt als Rechtssubjekt in den internationalen Beziehungen auf. Ihre Handlungen sind ihr selbst zuzurechnen und sie ist dafür auch rechtlich verantwortlich. Diese Gesichtspunkte werden auch eine besondere Bedeutung erlangen, wenn die Union als solche mit dem Inkrafttreten des Vertrages von Nizza erweiterungsfähig sein wird.

Für die Zukunft bleibt zu wünschen, dass der objektiven Rechtstatsache, nämlich der de facto existenten Völkerrechtspersönlichkeit der Union Rechnung getragen wird und dies im Sinne der erwähnten Klarstellungfunktion auch primärrechtlich explizit verankert wird. Klarheit über die Rechtspersönlichkeit der Union dient der Rechtssicherheit.

Die Feststellung der Völkerrechtspersönlichkeit der Union als internationale Organisation lässt die Frage ihrer Weiterentwicklung zB in Richtung Bundesstaat offen.

LITERATURVERZEICHNIS

1. Verzeichnis der deutschsprachigen Literatur

a) Lehrbücher, Kommentare und Monographien

Jan Bergmann/Christofer Lenz (Hrsg), Der Amsterdamer Vertrag: eine Kommentierung der Neuerungen des EU- und EG-Vertrages, 1998

Albert Bleckmann, Europarecht: Das Recht der Europäischen Union und der Europäischen Gemeinschaften, 6. Auflage 1997

Peter Fischer/Heribert Franz Köck, Europarecht: einschließlich des Rechtes supranationaler Organisationen, 3. Auflage 1997

Peter Fischer/Heribert Franz Köck, Allgemeines Völkerrecht: das Recht der universellen Staatengemeinschaft; ein Lehrbuch mit den wichtigsten Rechtstexten, 5. Auflage 2000

Klemens H. Fischer, Der Vertrag von Nizza, Text und Kommentar, einschließlich der konsolidierten Fassung des EUV und EGV sowie des Textes der EU-Charta der Grundrechte, Nomos Baden-Baden, 1. Auflage 2001

Eberhard Grabitz/Meinhard Hilf (Hrsg), Kommentar zur Europäischen Union (Loseblattsamlung), Stand: EL 8, 1995

Hugo J. Hahn, Der Vertrag von Maastricht als völkerrechtliche Übereinkunft und Verfassung: Anmerkungen anhand Grundgesetz und Gemeinschaftsrecht, 1992

Peter Hommelhoff/Paul Kirchhof (Hrsg), Der Staatenverbund der Europäischen Union: Beiträge und Diskussionen des Symposions am 21./22. Januar 1994 in Heidelberg, 1994

Waldemar Hummer (Hrsg), Die Europäische Union und Österreich. Europarechtliche, völkerrechtliche und verfassungsrechtliche Perspektiven, 1994

Waldemar Hummer (Hrsg), Die Europäische Union nach dem Vertrag von Amsterdam, 1998

Waldemar Hummer/Michael Schweitzer (Hrsg), Österreich und das Recht der Europäischen Union, 1996

Jörn Ipsen, Hans-Werner Rengeling, Jörg Manfred Mössner und Albrecht Weber (Hrsg), Verfassungsrecht im Wandel. Wiedervereinigung Deutschlands, Deutschland in der Europäischen Union, Verfassungsstaat und Föderalismus: Zum 180jährigen Bestehen der Carl Heymanns Verlag KG (Carl Heymanns Verlag, Köln 1995)

Wolfram Karl, Vertrag und spätere Praxis im Völkerrecht, Zum Einfluß der Praxis auf Inhalt und Bestand völkerrechtlicher Verträge, Max-Planck-Institut für ausländisches öffentliches Recht und Völkerrecht, Beiträge zum ausländischen Recht und Völkerrecht Bd 84, 1983

Heribert Franz Köck/Peter Fischer, Das Recht der internationalen Organisationen: das Recht der Weltfriedensorganisation (VB und UNO), der UN-Spezialorganisationen und der wichtigsten regionalen Organisationen im Dienste von kollektiver Sicherheit und Zusammenarbeit, 3. Auflage 1997

Heribert Franz Köck, Vertragsinterpretation und Vertragsrechtskonvention: zur Bedeutung der Artikel 31 und 32 der Wiener Vertragsrechtskonvention 1969, 1. Auflage 1976

Christian Koenig/Andreas Haratsch, Europarecht, 3. Auflage 2000

Hanspeter Neuhold/Waldemar Hummer/Christoph Schreuer (Hrsg), Österreichisches Handbuch des Völkerrechts, Band 1 und 2, 3. Auflage 1997

Thomas Oppermann, Europarecht: ein Studienbuch, 2. Auflage 1999

Matthias Pechstein/Christian Koenig, Die Europäische Union: die Verträge von Maastricht und Amsterdam, 2. Auflage 1998

Jürgen Schwarze (Hrsg), EU-Kommentar, Nomos Baden-Baden, 1. Auflage 2000

Michael Schweitzer/Waldemar Hummer, Europarecht: das Recht der Europäischen Union; das Recht der Europäischen Gemeinschaften (EGKS, EG, EAG); mit Schwerpunkt EG, 5. Auflage 1996

Ignaz Seidl-Hohenveldern/Gerhard Loibl, Das Recht der Internationalen Organisationen einschließlich der Supranationalen Gemeinschaften, 6. Auflage 1996

Ignaz Seidl-Hohenveldern/ Gerhard Loibl, Das Recht der Internationalen Organisationen einschließlich der Supranationalen Gemeinschaften, 7. Auflage 2000

Ignaz Seidl-Hohenveldern, Völkerrecht, 9. Auflage 1997

Rudolf Streinz, Europarecht, 4. Auflage 1999

Christoph Thun-Hohenstein/Franz Cede, Europarecht: das Recht der Europäischen Union unter besonderer Berücksichtigung der EU-Mitgliedschaft Österreichs, 3. Auflage 1999

Christoph Thun-Hohenstein, Der Vertrag von Amsterdam: die neue Verfassung der EU; der neue EG-Vertrag, der neue EU-Vertrag; Erläuterung der neuen Bestimmungen, 1997

Christiane Trüe, Verleihung von Rechtspersönlichkeit an die Europäische Union und Verschmelzung zu einer einzigen Organisation – deklaratorisch oder konstitutiv?, Europa-Institut der Universität des Saarlandes, Nr 357, 1997

Alfred Verdross, Völkerrecht, 5. Auflage 1964

Alfred Verdross/Bruno Simma, Universelles Völkerrecht, 3. Auflage 1984

Karl Zemanek, Das Vertragsrecht der Internationalen Organisationen, 1957

b) Primärquellen und Studien

Entscheidung des BVerfG vom 12. Oktober 1993, 89/155, abgedruckt in Neue Juristische Wochenschrift 47/1993, 3047-3058

Europäisches Parlament - Entschließung des Europäischen Parlaments zu den Beziehungen zwischen dem Völkerrecht, dem Gemeinschaftsrecht und dem Verfassungsrecht der Mitgliedstaaten, in EuZW 1998, 165, Nr 16

Europäisches Parlament - Entwurf des Institutionellen Ausschusses der Europäischen Parlaments für eine Verfassung der EU, Draft Constitution of the European Union, 10. Februar 1994, BT-Drs 12/7074

Europäisches Parlament - Arbeitsgruppe „Regierungskonferenz", Weissbuch zur Regierungskonferenz 1996, Band II, Aufzeichnung über die Positionen der Mitgliedstaaten der Europäischen Union im Hinblick auf die Regierungskonferenz 1996, DokNr PE 165.963, 1996

Parlement Européen – Rapport de la commission institutionelle sur le fonctionnement du Traité sur l'Union européenne dans la perspective de la Conférence intergouvernementale de 1996 – mise en oeuvre et développement de l'Union, Rapporteurs: *Jean-Louis Bourlanges/David Martin*, A4-0102/95, PE 212.450

Parlement Européen – Rapport de la commission institutionelle, Avis du Parlément européen sur la convocation de la Conférence intergouvernementale, Rapporteurs: *Raymonde Dury/Johanna Maij-Weggen*, A4-0068/96, PE 216.237

Intergovernmental Conference 1996, Report of the Reflection Group on the IGC, Brussels, December 1995. Rapport du groupe de réflexion, RTDE 1/1996, 144-185

„Die Europäische Union heute und morgen. Anpassung der Europäischen Union zum Nutzen ihrer Bürger und Vorbereitung auf die Zukunft. Allgemeiner Rahmen für einen Entwurf zur Revision der Verträge. Dublin II", Konferenz der Vertreter der Regierungen der Mitgliedstaaten, CONF/2500/96, Brüssel, 5. Dezember 1996, in Regierungskonferenz zur Revision der Verträge, Halbjahr des irischen Vorsitzes (Juli-Dezember 1996), Textsammlung, Generalsekretariat des Rates der Europäischen Union, 1997

"Addendum zu dem Allgemeinen Rahmen für einen Entwurf zur Revision der Verträge Dublin II", CONF 2500/96 ADD 1, 20. 3. 1997, in Regierungskonferenz zur Revision der Verträge, Halbjahr des Niederländischen Vorsitzes (Januar - Juni 1997), Textsammlung, Generalsekretariat des Rates der Europäischen Union, 1997, 9-77

Entwurf des Vertrages von Amsterdam, 12. Juni 1997, CONF/4000/97, in Regierungskonferenz zur Revision der Verträge, Halbjahr des Niederländischen Vorsitzes (Januar – Juni 1997), Textsammlung, Generalsekretariat des Rates der Europäischen Union, 1997, 79-239

Stefan Griller/Dimitris Droutsas/Gerda Falkner/Katrin Forgó/Elisabeth Klatzer/Georg Mayer/Michael Nentwich, Regierungskonferenz 1996: Ausgangspositionen, IEF Working Paper Nr 20 des Forschungsinstituts für Europafragen der Wirtschaftsuniversität Wien, Juni 1996

Stefan Griller/Dimitris Droutsas/Gerda Falkner/Katrin Forgó/Michael Nentwich, Regierungskonferenz 1996. Der Vertragsentwurf der irischen Präsidentschaft, IEF Working Paper Nr 25, Januar 1997

Stefan Griller/Dimitris Droutsas/Gerda Falkner/Katrin Forgó/Michael Nentwich, Regierungskonferenz 1996. Der Vertrag von Amsterdam in der Fassung des Gipfels vom Juni 1997, IEF Working Paper Nr 27, Juli 1997

c) Aufsätze

Armin von Bogdandy/Martin Nettesheim, Die Europäische Union: Ein einheitlicher Verband mit eigener Rechtsordnung, Europa-Recht 1/1996, 3-26

Armin von Bogdandy/Martin Nettesheim, Die Verschmelzung der Europäischen Gemeinschaften in der Europäischen Union, Neue Juristische Wochenschrift 36/1995, 2324-2328

Stephan Breitenmoser, Die Europäische Union zwischen Völkerrecht und Staatsrecht, Zeitschrift für ausländisches öffentliches Recht und Völkerrecht 1995, 951-992

Oliver Dörr, Zur Rechtsnatur der Europäischen Union, Europa-Recht 4/1995, 334-348

Oliver Dörr, Noch einmal: Die Europäische Union und die Europäischen Gemeinschaften, Neue Juristische Wochenschrift 48/1995, 3162-3165

Ulrich Everling, Die Rolle des Europäischen Rates gegenüber den Gemeinschaften, Europa-Recht 1995, 41-48

Ulrich Everling, Überlegungen zur Struktur der Europäischen Union und zum neuen Europa-Artikel des Grundgesetzes, Deutsches Verwaltungsblatt 1993, 936-947

Bardo Faßbender, Die Völkerrechtssubjektivität internationaler Organisationen, Österr. Zeitschrift für öffentliches Recht und Völkerrecht 37/1986, 17-49

Stefan Griller, Der verbliebene Reformbedarf der Europäischen Union nach Amsterdam, in *Hummer (Hrsg)*, Die Europäische Union nach dem Vertrag von Amsterdam (1998) 313 ff

Stefan Griller, Die Unterscheidung von Unionsrecht und Gemeinschaftsrecht nach Amsterdam, EuR 1999 Beih 1, 45-72

Johannes Hengstschläger, Grundrechtsschutz kraft EU-Rechts, Juristische Blätter 2000, 409-420 (1. Teil)

Meinhard Hilf, Die Europäische Union und die Eigenstaatlichkeit ihrer Mitgliedstaaten, in *Hommelhoff/Kirchhof*, Der Staatenverbund der Europäischen Union (1994) 75-85

Christian Hillgruber, Die Rechtsnatur der Europäischen Union nach dem Amsterdamer Vertrag, in *Winfried Kluth (Hrsg.)*, Die Europäische Union nach dem Amsterdamer Vertrag, Nomos Baden-Baden, 1. Auflage 2000, 15-36

Peter M. Huber, Der Staatenverbund der Europäischen Union, in *Jörn Ipsen et al (Hrsg)*, Verfassungsrecht im Wandel, Carl Heymanns Verlag KG (1995) 349-371

Hubert Isak, Überlegungen zu einigen Rechts- und Strukturfragen der Europäischen Union, Austrian Journal of Public and International Law 1995, 315-345

Paul Kirchhof, Das Maastricht-Urteil des Bundesverfassungsgerichts, in *Hommelhoff/Kirchhof (Hrsg)*, Der Staatenverbund der Europäischen Union (1994) 11-24

Heribert Franz Köck, Die "implied powers" der Europäischen Gemeinschaften als Anwendungsfall der "implied powers" internationaler Organisationen überhaupt, in *Karl-Heinz Böckstiegel, Hans-Ernst Folz, Jörg Manfred Mössner und Karl Zemanek (Hrsg)*, Völkerrecht, Recht der internationalen Organisationen, Weltwirtschaftsrecht. Festschrift für Ignaz Seidl-Hohenveldern (Köln 1988) 279-299

Heribert Franz Köck, Questions Related to the Recognition of the European Communities, Austrian Review of International and European Law 2/1997, 49-68

Heribert Franz Köck, Zur Interpretation völkerrechtlicher Verträge, ZÖR 1998, 217-237

Helmut Lecheler, Der Rechtscharakter der „Europäischen Union", in *Jörn Ipsen et al (Hrsg)*, Verfassungsrecht im Wandel, Carl Heymanns Verlag KG (1995) 383-393

Helmut Lecheler, Die Pflege der auswärtigen Beziehungen in der Europäischen Union, Archiv des Völkerrechts 1994, 1-23

Hermann Mosler, Die Erweiterung des Kreises der Völkerrechtssubjekte, Zeitschrift für ausländisches öffentliches Recht und Völkerrecht (ZaöRV), 22/1962, 1-48

Thomas Oppermann, Zur Eigenart der Europäischen Union, in *Hommelhoff/Kirchhof (Hrsg)*, Der Staatenverbund der Europäischen Union (1994) 87-98

Thomas Oppermann/Claus Dieter Classen, Die EG vor der Europäischen Union, Neue Juristische Wochenschrift 1/1993, 5-12

Georg Ress, Die Europäische Union und die neue juristische Qualität der Beziehungen zu den Europäischen Gmeinschaften, Juristische Schulung 12/1992, 985-991

Georg Ress, Ist die Europäische Union eine juristische Person?, Europa-Recht 1995 Beih 2, 27-40

Martin Seidel, Zur Verfassung der Europäischen Gemeinschaft nach Maastricht, Europa-Recht 1992, 125-144

Ignaz Seidl-Hohenveldern, Die völkerrechtliche Haftung für Handlungen internationaler Organisationen im Verhältnis zu Nichtmitgliedstaaten, Österreichische Zeitschrift für Öffentliches Recht, Band XI (NF), 1961, 497-506

Werner Schroeder, Die Rechtsnatur der Europäischen Union und verwandte Probleme, in *Hummer/Schweitzer (Hrsg)*, Österreich und das Recht der Europäischen Union (1996) 3-22

Martin Schubarth, Die EU-Grundrechtscharta – Ein Paradigmawechsel?, Juristische Blätter 2001, 205-206

Sigmar Stadlmeier, Die "Implied Powers" der Europäischen Gemeinschaften, Zeitschrift für öffentliches Recht, 52/1997, 353-388

Helmut Steinberger, Anmerkungen zum Maastricht-Urteil des Bundesverfassungsgerichts, in *Hommelhoff/Kirchhof (Hrsg)*, Der Staatenverbund der Europäischen Union (1994) 25-35

Rudolf Streinz, Rechtsgrundlagen, Aufbau und Handlungsbefugnisse der Europäischen Union, in *Hummer (Hrsg)*, Die Europäische Union und Österreich. Europarechtliche, völkerrechtliche und verfassungsrechtliche Perspektiven (1994) 29-46

Rudolf Streinz, Der Vertrag von Amsterdam. Einführung in die Reform des Unionsvertrages von Maastricht und erste Bewertung der Ergebnisse, EuZW 1998, 137-147

Rudolf Streinz, Aufbau, Struktur und Inhalt des Vertrages von Amsterdam, in *Hummer (Hrsg)*, Die Europäische Union nach dem Vertrag von Amsterdam (1998) 47-70

Christoph Thun-Hohenstein, Eine Union ohne Eigenschaften?, in *Hummer/Schweitzer (Hrsg)*, Österreich und das Recht der Europäischen Union (1996) 23-34

Christian Tomuschat, Die Europäische Union unter der Aufsicht des Bundesverfassungsgerichts, Europäische Grundrechte-Zeitschrift 1993, 489-496

Christoph Vedder, Die Unterscheidung von Unionsrecht und Gemeinschaftsrecht nach dem Vertrag von Amsterdam, EuR 1999 Beih 1, 7-44

Johannes Christian Wichard, Wer ist Herr im europäischen Haus?, Zu Struktur und Rechtsnatur der Europäischen Union nach Amsterdam, EuR 2/1999, 170-184

Manfred Zuleeg, Die Organisationsstruktur der Europäischen Union – Eine Analyse der Klammerbestimmungen des Vertrags von Amsterdam, EuR 1998 Beih 2, 151-163

2. Verzeichnis der französischsprachigen Literatur

Julio A. Barberis, Nouvelles questions concernant la personnalité juridique internationale, RdC I 1983, 157-268

Mario Bettati, Création et personnalité juridique des organisations internationales, in *René-Jean Dupuy*, Manuel sur les organisations internationales[2] (1998) 33-60

Commentaire article par article des traités UE et CE, Rédigé sous la direction de *Philippe Léger (éd)*, Avocat général à la Cour de justice des Communautés européennes, Helbing et Lichtenhahn, Dalloz, Paris 2000

Vlad Constantinesco, La Structure du Traité instituant L'Union Européenne, Cahiers de Droit Européen 1993, 251-284

Pierre-Marie Dupuy, Droit international public, 4e édition 1998

René-Jean Dupuy, Manuel sur les organisations internationales, Académie de Droit International de La Haye, 1re éd. 1988, 2e éd. 1998

R. J. Dupuy, Le Droit des relations entre les Organisations internationales, RdC II 1960, 457-589

Badr Kasme, La capacité de l'Organisation des Nations Unies de conclure des traités, Paris 1960

Hermann Mosler, Réflexions sur la personnalité juridique en droit international public, in Mélanges offerts à Henri Rolin, Problèmes de droit des gens (Paris 1964) 228-251

Pierre des Nerviens, Les relations extérieures, Revue Trimestrielle de Droit Européen 4/1997, Le Traité d'Amsterdam, 801-812

Astéris D Pliakos, La nature juridique de l'Union européenne, Revue Trimestrielle de Droit Européen 2/1993, 187-224

Réparation des dommages subis au service des Nations Unies, Avis consultatif: Cour Internationale de Justice, Recueil 1949, 174-220

Réparation des dommages subis au service des Nations Unies, Mémoires, Plaidoiries et Documents: Cour Internationale de Justice 1949, (Avis consultatif du 11 avril 1949)

Paul Reuter, La Communauté européenne du charbon et de l'acier, Paris 1953

Paul Reuter, Institutions internationales, Paris 1975

Joel Rideau, Droit institutionnel de l'Union et des Communautés européennes, 1994 et 3e édition 1999

Denys Simon, Le système juridique communautaire, 2e édition 1998

A Tizzano, La personnalité internationale de l'Union européenne, Revue du Marché Unique Européen 4/1998, 11-40

Daniel Vignes, L'absence de personnalité juridique de l'Union européenne: Amsterdam persiste et signe, in *Hafner, Loibl, Rest, Sucharipa-Behrmann and Zemanek (eds.)*, Liber Amicorum Professor Seidl-Hohenveldern - in honour of his 80th birthday (1998) 757-770

Mustafa Kamil Yasseen, Création et personnalité juridique des organisations internationales, in *R.-J. Dupuy*, Manuel sur les organisations internationales (1988) 33-55

3. Verzeichnis der englischsprachigen Literatur

Rudolf Bernhardt, Interpretation in International Law, EPIL 2/1995, 1416-1426

Rudolf L. Bindschedler, International Organizations, General Aspects, EPIL 2/1995, 1289-1309

Niel M. Blokker/Ton Heukels, The European Union: Historical origins and institutional challenges, in *Ton Heukels/Niels Blokker/Marcel Brus (eds.)*, The European Union after Amsterdam, A Leagl Analysis (1998) 9-50

Armin von Bogdandy, The Legal Case for Unity: The European Union as a single organization with a single legal system, CMLR 1999, 887-910

D. W. Bowett, The Law of International Institutions, 2nd edition, 1970

Ian Brownlie, Principles of Public International Law, 5th edition, Oxford 1998

Marise Cremona, The European Union as an International Actor: The Issues of Flexibility and Linkage, EurForAffRev 3/1998, 67-94

Deirdre Curtin, The Constitutional Structure of the European Union: A Europe of Bits and Pieces, Common Market Law Review 1993, 17-69

Alan Dashwood, External Relations Provisions of the Amsterdam Treaty, Common Market Law Review 1998, 1019-1045

Ulrich Everling, Reflections on the Structure of the European Union, Common Market Law Review 1992, 1053-1077

Stefan Griller, Dimitri P. Droutsas, Gerda Falkner, Katrin Forgó, Michael Nentwich, The Treaty of Amsterdam: Facts, Analysis, Prospects, Schriftenreihe des Forschungsinstituts für Europafragen der Wirtschaftsuniversität Wien, Band 15, 2000

Gerhard Hafner, The Amsterdam Treaty and the treaty-making power of the European Union, in *Gerhard Hafner et al (Hrsg)*, FS Seidl-Hohenveldern (Den Haag 1998) 257-284

Rosalyn Higgins, Problems and Process: International Law and How We Use It, Oxford 1994

Hans Kelsen, The Law of the United Nations - A Critical Analysis of Its Fundamental Problems, 1950

Jan Klabbers, Presumptive Personality: The European Union in International Law, in *Martti Koskenniemi (ed.)*, International Law Aspects of the European Union (1998) 231-253

Eckart Klein, Reparations for Injuries Suffered in Service of UN (Advisory Opinion), Encyclopedia of Public International Law (EPIL), 2, Decisions of International Courts and Tribunals and International Arbitrations, 1981, 242-244

Heribert Franz Köck/Peter Fischer, The European Union on the International Scene, Linz 1996

Martti Koskenniemi, International Law Aspects of the Common Foreign and Security Policy, in *Martti Koskenniemi (ed.)*, International Law Aspects of the European Union (1998) 27-44

E. Lauterpacht, The development of the Law of International Organization by the Decisions of International Tribunals, RdC IV 1976, 380-478

Sir Hersch Lauterpacht, The development of International Law by the International Court, London 1958

Jörg Monar, The European Union's Foreign Affairs System after the Treaty of Amsterdam: A 'Strengthened Capacity for External Action'?, European Foreign Affairs Review 2/1997, 413-436

Hermann Mosler, Subjects of International Law, in EPIL 7/1984, 442-459

Peter-Christian Müller-Graff, The legal basis of the third pillar and its position in the framework of the Union Treaty, Common Market Law Review 1994, 493-510

Hanspeter Neuhold, The provisions of the Amsterdam Treaty on the CFSP: Cosmetic operation or genuine progress?, in *Hafner, Loibl, Rest, Sucharipa-Behrmann and Zemanek (eds.)*, Liber Amicorum Professor Seidl-Hohenveldern - in honour of his 80th birthday (1998) 495-510

Nanette A.E.M. Neuwahl, A Partner With a Troubled Personality: EU Treaty-Making in Matters of CFSP and JHA after Amsterdam, European Foreign Affairs Review 3/1998, 177-195

Manuel Rama-Montaldo, International Legal Personality and Implied Powers of International Organizations , BYIL 1970, 111-155

Henry G. Schermers/Niels M. Blokker, International Institutional Law, Third Edition, 1995

Iain Scobbie, International Organizations and International Relations, in *René-Jean Dupuy*, Manuel sur les organisations internationales² (1998) 831-896

Finn Seyersted, Treaty-Making Capacity of Intergovernmental Organizations: Article 6 of the International Law Commission's Draft Articles on the Law of Treaties Between States and International Organizations or Between International Organizations, ÖZöRV 1983, 261-267

Finn Seyersted, Can the United Nations Establish Military Forces and Perform Other Acts Without Specific Basis in the Charter?, Österreichische Zeitschrift für öffentliches Recht, Band XII (NF), 1962/1963, 188-229

Günter Weissberg, The International Status of the United Nations, 1961

Ramses A. Wessel, The International Legal Status of the European Union, European Foreign Affairs Review 2/1997, 109-129

Ramses A. Wessel, The inside looking out: Consistency and Delimitation in EU external relations, CMLR 2000, 1135-1171

Bruno de Witte, The pillar structure and the nature of the European Union: Greek Temple or french gothic cathedral?, in *Heukels/Blokker/Brus (eds.)*, The European Union after Amsterdam (1998) 51-68

Jaap de Zwaan, Community Dimensions of the second pillar, in *Heukels/Blokker/Brus (eds.)*, The European Union after Amsterdam (1998) 179-193

Karl Zemanek, International Organizations, Treaty-Making Power, EPIL 2/1995, 1343-1346